원형범주이론 기반의
중국어 의문대사와
한국어 대응표현 연구

이 책은 中國上海市哲學社會科學規劃項目(2020BYY005)의 研究成果입니다.

원형범주이론 기반의

중국어 의문대사와
한국어 대응표현 연구

후문옥侯文玉 지음

學古房

　　疑问代词是汉语中较为特殊的一类词，数量不多但语义丰富、用法多样，且使用频率高、使用范围广。本书主要从原型范畴理论的视角，综合运用认知构式语法、主观化、分类法、对比研究法等多种理论方法，全面系统研究现代汉语疑问代词语义发展的脉络，构建疑问代词语义范畴系统，并进一步探讨疑问代词语义范畴扩展的机制与动因。同时在对原型语义、次边缘语义、边缘语义进行描述的基础上考察每种语义的韩国语对应形式，总结概括对应规律。

　　首先，从原型范畴理论视角考察了疑问代词的语义特征。位于范畴的中心位置，全部拥有范畴语义特征[+疑问]、[+指代]的语义是原型语义；位于语义范畴的次中心位置，只部分拥有范畴语义特征[-疑问]、[+指代]的语义称为"次边缘语义"；位于语义范畴的边缘位置，完全丧失范畴的语义特征，表示[-疑问]、[-指代]的语义，称为"边缘语义"。疑问代词语义范畴之所以能够不断扩展，主要与原型语义的辐射、隐喻和转喻的投射、主观因素的介入等因素有关。

　　接着，描写总结疑问代词的原型语义，考察其韩国语对应形式。汉语疑问代词可用于询问指代人物、事物、时间、处所、方式、性质、状态、原因等；有时同一个疑问代词可以有多种不同的疑问功能；疑问代词构成疑问句时的词序和陈述句一样，都在它所指代的那个词的位置上，句后一般不需加疑问语气词；汉语强调疑问焦点时，可在疑问代词前加用焦点标记词"是"。汉语各疑问代词的原型语义基本可对应于韩国语具有相同指代功能的疑问代词。然后，分类描写疑问代词的次边缘语义，考察其韩国语对应形式。疑问代词在次边缘语义阶段不表疑问，只表指代。根据具体指代内容，可将次边缘语义分为虚指、任指、互指、呼应指、例指和借指。

虚指指的是疑问代词指代不确定、不肯定的人或事物，在语义上通常表现为"不定"，可将其理解为"某……"。表虚指疑问代词可基本对应具有相同功能的韩国语疑问词，只是表虚指时韩国语疑问词本身会发生形态变化；此外，不同疑问代词在对应韩国语时也表现出了不同的个性。任指主要表示疑问代词在语义上指的是在所涉及的范围之内没有例外，指代全部和一切。韩国语疑问词也能与某些语法成分同现表任指，这些语法成分主要为助词、词尾或者"助词+副词"。汉语疑问代词表任指时，主要对应韩国语疑问词与这些语法成分的同现形式。互指是由两个疑问代词一前一后构成，两个疑问代词不仅分别指代前文中提及的人或事物，还彼此互相指称。能表互指的疑问代词主要为"谁"和"哪个"。韩国语具有互指功能的只有表人疑问词，当"谁"、"哪个"表互指并指代人时可与其对应，当指代事物或动物时则用其他形式。呼应指指的两个同形疑问代词前后相承，呼应着使用，前一疑问代词表不定指，后一疑问代词呼应前面的指代内容，与其所指相同。韩国语疑问词没有呼应指的用法，汉语的相关表达往往要用其他形式来对应。例指指的是除了已列举项之外，还有一些尚未列举的同类项，具有列举未尽之义。韩国语疑问词鲜少有例指用法，表例指的汉语疑问代词"什么"根据同现列举项的词性而分别对应韩国语表列举的助词、词尾、依存名词等。借指指的是当人们由于避讳、不便、或对某一信息一时想不起、说不清抑或是不想直说时,便会临时借用某一疑问代词来替代,所替代的信息一般是说话人可以确认的。汉语借指主要是用"谁"、"什么"来替代某一信息,可对应韩国语具有相同功能的疑问词。

最后,对疑问代词的边缘语义进行分类描写,并考察其韩国语对应形式。疑问代词的语义扩展至边缘语义阶段时既不表疑问,也不表指代,而是以自我为参照,从主体感知的角度来表达立场、态度和情感等主观意义。根据主观化程度,可将疑问代词的边缘语义分为反问、否定、感叹和话语标记。

反问是用特指问的形式表示强调的一种方式,具有显示特殊语用效果的作用。韩国语疑问词基本也都有反问功能,因此表反问的汉语疑问代词通常对应韩国语疑问词。否定指的是疑问代词不依赖任何否定标记,只是在交际过程中,通过一定的语境知识和语用推导,与被否定对象一起形成某种构式来逐步实现。韩国语多数疑问词也有否定功能,"什么"和"'哪'类词"表否定时通常可与其对应。感叹指的是疑问代词与感叹词或句末感叹语调一起表达感叹语气的功能。疑问代词"多少"、"怎么"、"什么"、"'哪'类词"常用于表感叹,因具体感叹内容不同,因此需对应韩国语多种形式。话语标记指的是疑问代词从句子中分离出来而成为一个独立的、连接话语单位的依附成分。因为话语标记是一种话语层次上的标记,不具有任何概念意义,译作韩国语主要对应韩国语感叹词。

目录

第三章 疑问代词的原型语义及其韩国语对应形式

第四章 疑问代词的次边缘语义及其韩国语对应形式

第一章

绪论

1.1 研究综述

1.1.1 研究现状

1.1.1.1 疑问代词的名称及定义

对疑问代词的研究，始于1898年的《马氏文通》。期间，各家围绕疑问代词的名称及定义进行了探讨，主要有如下几种观点：

（一）询问代字。关于"询问代字"，马建忠(1898:71)中如此论述："询问代字者，所以求知夫未知者也，故无前词。曰前词，则已知矣。其所以答所问者，曰词"，指出询问代字的主要功能是"询问"，而其中的"代字"即"代词"。这是对"疑问代词"最早的论述。

（二）疑问指称词/无定指称词。吕叔湘(1944:184)把"询问人、物、情状等疑点"的指称词称为"疑问指称词"；而把"不作疑问用"的叫做"无定指称词"。

（三）代词。"疑问代词"这一名称最早见于王力(1944:224)，其中这样阐述："凡词，居于首品，次品，或末品的地位，表示疑问或反问者，叫做疑问代词"。此后的语言研究者绝大多数都沿用这一名称，如：张志公(1958:131)把"谁"、"什么"、"怎么"、"多少"、"多

么"、"哪"、"哪里"等叫做"疑问代词"，汤廷池(1981:235)将"谁"、
"什么"、"怎么"等称为"疑问代词"，刘顺(2005:231)认为："特指问
句是用'谁'、'什么'、'怎么'、'哪儿'、'几'"一类疑问代词来表示疑
问点，这些疑问代词所指的内容是问话人想要知道的新信息，也是
问话人希望听话人给予回答的部分"。此外，沿用"疑问代词"这一
名称的还有龙果夫(1958:215-217)、丁声树等(1961:158)、朱德熙
(1982:89)等。

(四) 询问代名词。黎锦熙(1950:104)将疑问代词归为"代名词"
下的一类，称为"疑问代名词"，用来代替所不知道的事物，与称谓
代名词、指示代名词、联接代名词并列。

(五) 询问泛提代词。陈望道(1978:57)认为代词有询问(待指
定，待指实的)和泛提(不指定，不指实的)两种作用，因此使用"询
问泛提代词"这一名称。

(六) 询问词。高名凯在(1986:38)中使用"询问词"这一名称，
并从"问"的角度对询问词进行了定义，但没有讨论询问词的意义
和功能，也未明确其词类。同用作"询问词"的还有凌远征
(1995:325)。

(七) WH-词和特殊疑问代词。在海外获取学位的中国学者
(如黄正德1982、程立珊1991)和国内研究英语的学者(如伍雅 2002)
以及国外学者倾向于使用"WH-词"或"特殊疑问代词"来指称汉
语疑问代词。他们认为，在现代汉语中，WH-词除可用作疑问代词
表询问外，还可以用作不定代词表各种非疑问；同时，英语中的疑
问代词(除了"how")基本上都是以字母"WH-"开头，而且，"WH-
词"既可用作疑问代词构成特殊疑问句，又可用作关系代词引导从
句。

可见，一百多年来，学者们对汉语疑问代词的研究从未间断，也从不同角度对其赋予了不同的名称。但使用最广泛、沿用至今的还是"疑问代词"，并将其作为"代词"的一个下位小类，重点关注其功能和用法，而不再纠结于其特殊词类的命名。

1.1.1.2 疑问代词的分类

除了使用不同的名称以外，前人对疑问代词的分类也有不同的看法，归纳起来主要有以下两大类。

(一) 按不同语法功能的分类

根据语法功能，可将疑问代词作如下分类：

章士钊(1907)和黎锦熙(1924:87,91,144)都将其分为"疑问代名词"、"疑问形容词"、"疑问副词"三种形式。其中，章氏将疑问代名词又分为表主格(谁、孰、何)、目的格(谁、孰、何、安、奚、恶、胡、焉、曷)、所有格(谁(之))、副格(何、奚)和表格(何、谁、安、奚、恶、焉)。

黎锦熙(1950:22)将其分为：疑问代词、疑问形容词、疑问副词及疑问助词四类。

丁声树等(1961:158)根据疑问代词在句中所充当的句法成分，认为疑问代词应该包括：(1) 谁、什么、哪，(2) 多会儿、哪儿、哪里，(3) 怎么、怎样三类。

朱德熙(1982:80)认为：体词性的有"什么、谁、哪、哪儿(里)、多会儿"，谓词性的有"怎么、怎么样"。

(二) 按不同语义功能的分类

根据不同的指代功能,可将疑问代词作如下分类:

吕叔湘(1944:162-218)按意义和作用对文言和白话疑问代词作了分类。其中,白话的分类为:(1) 问人:谁、什么人、何人,(2) 问物:什么,(3) 抉择人物:哪,(4) 问情状:怎么、怎样、怎么样、什么样,(5) 问原因和目的:怎么、什么、为什么,(6) 问数量:几、多少、多,(7) 问方所:哪里、哪儿、什么地方,(8) 问时间:多会儿、多咱。

王力(1958:286-287)把疑问代词分为指人(谁、孰),指物(何、奚、胡、曷)和指处所(安、恶、焉)三类。

朱德熙(1982:89)把疑问代词分成 (1) 谁、什么,(2) 哪、哪儿、哪里,(3) 怎么、怎么样三组。

林祥楣(1983:12)把疑问代词分为下列六组:(1) 问人或事物—谁、什么、哪(加量词),(2) 问处所—哪儿、哪里,(3) 问时间—哪会儿、多会儿、多早晚,(4) 问性质、状态、行动、方式—怎么、怎样、怎么样,(5) 问数量—多、多少、几,(6) 问程度—多。

刘月华等(2004:54)把常用的疑问代词分为以下四种:(1) 问人、事物:谁、什么、哪,(2) 问性状、方式:怎么、怎样、怎么样,(3) 问时间、处所:多会儿、哪会儿、哪儿、哪里,(4) 问数目:多少、几。

邢福义《汉语语法三百问》(2002:111-112)认为疑问代词应分为:(1) "谁" 组,(2) "什么" 组,(3) "哪" 组,(4) "几" 组,(5) "多" 组,(6) "怎" 组。

1.1.1.3 疑问代词的疑问用法

"疑问用法"是疑问代词的基本用法，前人对疑问代词疑问用法的研究主要集中于疑问焦点问题。

焦点是一句话中说话人传达给听话人的最为重要的信息。在特指问句中，句子的焦点一般落在疑问代词上。

林裕文(1985)认为，在特指问句中，疑问点也就是疑问代词，因而可以同时有几个疑问点。

汤廷池(1988:272, 281)认为"疑问代词问句必须以疑问代词为焦点成分，因此焦点标志'是'必须出现于疑问代词的前面。"

张黎(1994:139)中阐述道："一句话的语义重心通常是同疑问焦点相对应的。因此，在由问答句构成的语境中的语义重心是与问句中的疑问焦点相对应的。"

张伯江、方梅(1996)把焦点分为常规焦点和对比焦点，并认为"疑问代词在句子中的位置在一定程度上决定了相应回答的焦点性质，问句的疑问代词在句首时，相应的回答倾向于对比焦点；问句的疑问代词在句末时，相应的回答倾向于常规焦点。"

徐烈炯、刘丹青(2000:406)中论述道："语言学界通常谈论的焦点，本质上是一个语用性的话语功能的概念。从理论上说，焦点可以存在于句子的任何部位，是说话人最想让听话人注意的部分。"

徐杰在(2001:131, 134)中认为"疑问句中的疑问代词一般都自动成为所在句子的强式主焦点。"并进而主张"疑问代词在词库中都被规定带有 [+F](焦点特征标记)和[+q](疑问特征标记)。"

石毓智等(2001:35)中指出："特指问句的焦点选择是不自由的，只能由疑问代词充当，表现为如用焦点标记的话，只能标识疑问代词。"

邵敬敏在(2001:219)中认为"疑问代词承担了特指问句的疑问信息，同时也形成了疑问焦点，所以希望对方针对疑问代词作出回答。"

李英哲在(2001:77-78)中阐述："在疑问句中疑问中心和焦点必须统一，前者是后者在疑问句中的具体化。…在特指问句中，句子的焦点就是疑问代词。这里疑问中心和焦点的重合表现得最为明显。"

伍雅清(2002)依据国外的句法理论，提出了"WH一词充任否定焦点的条件"，并在此基础上提出了对汉语WH一词进行解释的理论框架；张斌(2003)谈到了使信息储存的句子和使信息反馈的句子；范晓、张豫峰等(2003)认为"疑问代词所指代的内容是问话人想要知道的新信息，也是问话人希望听话人给予回答的部分。"因此它是疑问句中的最为重要的部分，成为特指问句里的焦点；袁毓林(2003)对国外焦点研究的理论、方法和主要内容进行综述和评论，分析了焦点的种类、特征和表达手段，焦点结构决定句子的命题意义、预设意义和会话含义的逻辑机制等问题，认为国外焦点研究的理论、方法的引入给了我们极大的启发。

刘顺在(2005:231)中认为疑问代词既可以放在动词前，也可以放在动词后。疑问代词在动词前，相应的回答倾向于对比焦点；疑问代词在动词后，相应的回答倾向于自然焦点。疑问代词在句子中的位置在一定程度上决定了相应回答的焦点性质。

除此之外，还有些学者从构成特指问句的角度来阐述疑问代词的疑问用法。如刘月华(2004)提到："疑问代词是用来表示疑问的词，它是构成疑问句的一种手段"。再如朱德熙(1982:202)，黄伯荣(1984:14)，吕叔湘(1987:46-47)，汤廷池(1988:267-272)，吕文华(1994:

196-197), 范晓(1998:224-228), 邢福义(2002:46), 伍雅清(2002:57)等等。

1.1.1.4 疑问代词的非疑问用法

"疑问"是疑问代词最基本的用法。除此之外,在现代汉语中疑问代词有着更为丰富、使用频率更高的非疑问用法。因此,和疑问代词其他方面的研究相比,对其非疑问用法的研究就显得异常活跃。我们主要从以下几方面来对疑问代词的非疑问用法进行整理。

(一) 句法角度的研究

疑问代词表非疑问不像表疑问那么自由,有许多条件限制。吕叔湘(1942:182-183)论述道:任指指称词的上头常常加"无论、任凭、 不管"…肯定句中,疑问代词前可加"不知",表示这是虚指;否定句中,疑问代词作宾语时表虚指,作主语时表任指。丁声树等(1961:162)指出:有些疑问代词格式上用问句,实际上不表疑问,如"谁知道呢",这其实是指疑问代词在反问句中表非疑问。李艳惠(1992)提出了汉语疑问代词非疑问用法的两个条件,即语义和结构上的条件。结构上的条件为:在否定句、选择问句中只能出现在动词或介词的宾语位置上,在是非问句或条件句中可出现在主语或宾语位置上。林若望(1996)把汉语疑问代词表非疑问时所出现的环境分为"否定、问句和条件从句"、"认知情态"、"某种'未来'环境"三种。石毓智(2001:80-81)认为:表遍指的疑问代词只能出现于谓语动词之前,虚指的则只能出现于动词之后。这种语序上的限制都是结构赋义规律作用的结果。李品威(2010)在论文第三部分考察

与 "怎么" 非疑问用法有关的句法问题, 从 "怎么" 在句中的句法位置, "怎么" 的重复, "怎么" 与副词的搭配以及 "怎么" 在特殊句式中的用法四个方面分析了与 "怎么" 非疑问用法有关的句法问题。

海外的华人学者在借鉴国外理论的基础上, 主要从句法结构方面对汉语疑问代词进行了深入研究, 认为汉语的疑问代词本质上不是疑问算子, 汉语疑问代词的非疑问用法在一定受约语境里能够得到允准。其中, 李艳惠(1992)提出了汉语疑问代词非疑问用法的两个条件, 即语义和结构上的条件; 林若望(1996)则把汉语表非疑问的存在极端疑问代词出现的环境分为三种: 否定、问句和条件从句, 认知情态, 某种 "未来" 环境。

(二) 非疑问用法的分类及专门研究

黎锦熙(1924)首次提出疑问代词 "非疑问用法" 的概念, 并把 "疑问形容词" 的非疑问用法分为两类: 一是当句子语气是 "直述" 时, 疑问形容词是 "不定或虚指的形容词" ; 一是在表 "然否" 的问句中, "句中的疑问形容词也不管事"。

王力(1943:230)认为: "古代的疑问代词, 本是专为疑问或反问之用的。到了近代, 它们非但在字面上发生了变化, 而且产生了些特别的用途。在这些特别用法上, 它们不再表示疑问或反问, 只等于一种特别的人称代词或指示代词。" 他指出疑问代词的特别用途大致有四种: (1) 替代说不出的事物, (2) 代替任何事物, (3) 很象代数字的功用, (4) 帮助委婉语气。

吕叔湘(1944:184)把 "询问人、物、情状等疑点" 的指称词称为 "疑问指称词" ; 而把 "不作疑问用" 的叫做 "无定指称词"。并认为

"无定指称词用途有二：表不论的可称为任指，表不知的可称为虚指。"

张志公(1958:131-132)认为疑问代词的用处不只是表示疑问。"大体说来，这组指代词有四种用途：(1) 表示疑问，希望回答的，(2) 表示反问或感叹，(3) 指不确定的人、事物、性状、数量、程度、动作等，(4) 强调一切。

丁声树等(1961:158)指出，疑问代词主要用于询问，除此之外还有反问、任指、虚指等用法。

赵元任(1979:283)指出："所有疑问代名词，跟别的疑问代词一样，都能用于非疑问的场合：(a) 不定指示，轻声：'找个谁来帮帮你'。(b) '任何一个' 的意思，不轻声，前置，有 '也' 或 '都' 与它配合：'我谁也找不着'。"

朱德熙(1982:93)论述道："疑问代词有的时候不表示疑问，这有两种情形：第一是表示周遍性，即表示在所涉及的范围之内没有例外。这一类句式里常常有 '也、都' 之类副词，有时还用 '无论、不管' 等连词跟 '也/都' 呼应。这样用的疑问代词必须重读。第二是用疑问代词来指称不知道或者说不出来的人、事物、处所、时间等。"

刘月华等(2004:53，59-62)首先提及 "疑问代词是用来表示疑问的词，它是构成疑问句的一种手段"，然后又探讨了疑问代词的活用：(1) 表示反问，(2) 表示任指(或泛指)，(3) 表示虚指。

汤廷池(1988:272，281)指出："国语疑问代词的用法大致可以分为两类：疑问用法与非疑问用法。" 进而考察了几种非疑问用法：任指用法、虚指用法、照应用法、修辞问句用法、感叹用法和其他用法。

邢福义(1996:202,206)指出："疑问代词不是直接称代，而是通过提问寻求称代。"疑问代词的活用"大体说，有以下几种：第一，任指。第二，虚指。第三，游移指。第四，笼统指。"

齐沪扬(2007)论述到："疑问代词成对使用，或与指示代词连用，说明在所说的范围内没有例外，表示任何人或事物，即有的语法书上说的任指或泛指。不指代确定事物的则为虚指。"

姜炜　石毓智(2008)首先从历史的角度探讨了"什么"否定功能和句法特点的形成原因，然后考察否定标记"什么"的使用情况，确立它的语法意义和使用条件，并探讨它的历史成因，最终确定"什么"的否定功能为对已经实现的状况的否定。

黄伯荣　廖序东(2011)将疑问代词的引申用法分为任指、虚指。任指表示任何人或事物，在说明的范围内并无例外。虚指表示不能肯定的人或事物，包括说不出、不知道或不想说出。

张佳慧(2014)认为疑问代词任指用法可以分为单用任指、双用任指和多用任指。其中，疑问代词单用表任指多为一些固定用法，双用任指分为同形同指和同形异指，而将多用任指看成是双用任指的叠加或套用。

季旭(2014)考察了特指问表否定的情况，认为虽然不同类型的特指疑问形式在表达否定语义的时候呈现出不同的句式，但还是存在"疑问功能丧失"、"句子反问特征明显"、"特指问表否定属于语用否定"等共性表现。并认为特指问之所以能够表否定，是反诘语气为其提供了语气条件，释因句及促使句子构成反问句的一类词为其提供了语境条件；在这些条件的作用下，句子具有对否定的强调性及突出说话者某些主观性特征的表达功能。

杨娜(2014)从感叹句的不同表达方式入手，对疑问代词感叹功能的显赫差异及其形成原因进行跨语言的初步探讨。认为，在Wh-

词移位语言中，疑问代词感叹功能表现得更为显赫；Wh-词原位语言的疑问代词不占据固定句法位置，采用的超常搭配和句末语气助词的消解手段灵活性强、类推性差，由此手段表征的疑问代词感叹功能相对较弱。

郝帅(2017)首先界定了疑问代词虚指用法的内涵，并区别了非疑问用法中的任指用法和虚指用法，详细描写了"谁"、"什么"、"哪儿"等十一个疑问代词的虚指用法，包括搭配情况和重叠情况。

杨岚(2019)专门研究了现代汉语疑问代词的承指用法。首先从"疑问代词的句法功能"、"承指句的句型特征"、"承指句的形式特征"三个方面对疑问代词承指句做了分类；然后考察了承指句的内部语义、非现实性语义以及外部语义特征；最后对疑问代词承指句的语体情况进行分析，认为承指句的本质是口语化的，在语用上具有随意性和主观性。

(三) 非疑问用法的专词研究

另外，对汉语疑问代词非疑问用法研究的一个突出现象是，将研究集中于某一专词，专词主要为"什么"、"谁"、"怎么"和"哪(哪儿、哪里)"。

邵敬敏(1989)是对"什么"非疑问用法较早进行研究的论文，该文按照语法意义将"什么"非疑问用法分为全指、例指、承指、借指、虚指、否定、反诘、独用8类；张尹琼(2005)主要对汉语"什么"的非疑问用法进行了研究；鹿钦佞(2005)从历史的角度对"什么"的非疑问用法进行了考察；刘睿研(2006)、黄喜宏(2008)论述了"什么"的否定用法；李冬香(2008)解释说明了"什么"语法化的外部动因；韩淑华(2001)、曹丽红(2010)对汉语"什么"与英语"what"的疑问用法和非疑问用法进行了对比；董成如(2017)考察了"什么"在反问句中的性质，论证了"什么"不具有否定意义，否定是整个反问句的意义。"什么"反问句隐含劝阻、指责、反驳、无奈等意义。此外，还有肖任飞(2006)、张爱华(2008)、孙亚俊(2008)、杨恺(2010)、沈刚(2010)、孙丽娟(2010)等都从不同角度对疑问代词"什么"进行了研究。

赵静贞(1981)认为，"谁"的非疑问用法主要有反问、任指虚指三种；李敏(2001)考察了"谁"的非疑问用法；王仁法(2003)主要研究"谁"的"匹配用法"(异指匹配和同指匹配)；韩娜娜(2009)主要论述了"谁"和"who"在疑问与非疑问用法方面的异同。此外，陶伏平(2002)、张尹琼(2005)分析考察了"谁"的非疑问用法；全国斌(2002)、周继圣(2002)、刘荣琴(2008)、崔爱霞(2008)、胡德明(2009)、王灿龙(2010)、罗敏(2010)等分析了带有"谁"的句式；刘怡、郝雷(1995)、王凌(2009)、王秀丽(2010)等则从汉外对比的角度考察了"谁"的语义与用法；袁毓林刘彬(2017)则主要讨论了疑问代词"谁"的虚指意义和否定意义的形成机制。

李俊香(2003)阐述了"怎么"在英语中的对应形式；袁志刚(2010)主要对疑问代词"怎么"的非疑问用法进行了考察，认为"怎么"的非疑问用法主要表现为7类：任指、虚指、承指、例指、复指、反问、程度，继而揭示其在句法、语义和语用方面的特点；杨伶俐(2011)从语义、语法、语用三个层面分析总结疑问代词"怎么"的非疑问用法，并将其分为指代用法(任指、虚指、确指、例指)和非指代用法(反诘、表程度和单独使用的情况)；严伟剑(2012)在考察"怎么、怎样、怎么样"语体分布的基础上对比分析三者的语用功能；

柳炅希(2012)将现代汉语疑问代词"怎么"分为疑问用法、非疑问用法和反问用法,其中非疑问用法又分为不定代词用法和回指用法。刘焱黄丹丹(2015)考察了疑问代词"怎么"的话语标记功能,指出它是一个反预期标记,具有"惊异或意外"和"批评或嗔怪"两种不同的语用功能,这两种语用功能的不同在其后续句及答句中都有所体现。此外,"怎么"还具有开始话题和切换话题的语篇功能。

邱莉芹(2000)对"哪里"的5种否定用法进行了描写,并从功能角度简要分析"哪里"的语法化过程;来德强(2001)对"哪(哪儿、哪里)"的4类非疑问用法做了共时、历时层面的考察,并主要从语用制约的角度对其非疑问用法的出现做了尝试性的解释;黎立夏(2011)研究了单用的"哪里"表虚指用法、任指用法、否定用法、反诘用法、感叹用法,同时还研究了重叠的"哪里"的语义所指;张志敏(2012)分别从句法、语义、语用的角度探讨、分析了"哪儿、哪里"作主语、宾语、定语、状语时的非疑问用法,任指、虚指用法及否定、反诘语气;陈红(2013)将非疑问用法的"哪里"分为询问事理和询问处所两种,认为询问处所的"哪里"的非疑问用法主要有虚指、 任指、否定三种,询问事理的"哪里"的非疑问用法主要有反问和否定两种用法。

(四) 非疑问用法的习得和教学研究

汉语疑问代词有着其他语言所不及的丰富的非疑问用法,这使其成为国际中文学习和教学的重点及难点。

肖治野(2003)对不同类型的"怎么"反问句的反问度和虚化情况进行考察,然后从结构、语义、功能等方面加以分析,在此基础上，对反问句教学提出相应建议，并探讨了教学研究中需要解决的问题。周文婷(2007)从对外汉语教学的角度对留学生习得"什么"的非疑问用法情况作了调查研究。研究发现，不同母语背景的留学生对"什么"的九种非疑问用法有着一个相对一致的习得顺序，并认为这一顺序主要受各用法本身认知难度的制约，但教材教学中某一用法的出现早晚、数量和频率以及留学生对该用法的使用需求等因素也会对其习得顺序有一定影响。

汤路(2008)以初中级韩国留学生为对象，调查分析了"怎么"在使用中所出现的偏误，总结了相应的偏误类型，并提出了相应的教学策略。

童丽娜(2008)主要采用调查问卷的方式，对疑问代词"什么"、"谁"、"哪儿"等的非疑问用法进行习得研究。

陈敏(2009)借助语料库系统分析留学生疑问代词"谁"的非疑问用法使用情况，分析发现，留学生倾向使用"谁"的任指用法，极少使用其他用法，而且不同母语背景者因为母语迁移的影响在使用"谁"的非疑问用法上有较大不同。

李品威(2010)首先分析整理了"怎么"的4种非疑问用法，然后对第二语言教材中出现的相关语法点进行了整理，以解决对外汉语教学中的实际问题。

刘鲲(2012)对高级汉语水平学习者在运用疑问代词非疑问用法时出现的偏误特征进行了归纳总结，然后根据考察结果分析出疑问代词非疑问用法偏误产生的原因，继而从词法、句法、学习迁移和教学方面给出了应对这些偏误的方法和策略。

王柳(2013)对留学生习得"什么"非疑问用法时所出现的偏误进行分析统计，分析偏误产生的原因，提出教师在采取整体结构教学的同时，应引入情境教学法并辅以多媒体的教学手段。

李尚(2014)以疑问代词的任指用法句式为主要研究对象，探讨语言使用者在不同语言条件下对疑问代词任指法的三类任指句式的使用情况。

韦薇(2014)通过对现代汉语语料库中疑问代词任指用法的使用情况进行分析，总结出任指用法的几个常用句式，并使用中介语语料库对留学生使用疑问代词任指用法的偏误情况进行分析和总结。在此基础上提出教学建议，并进行了相应的教学设计。

孟庆丰(2015)对留学生在习得疑问代词的任指、虚指、否定用法过程中的偏误及原因进行分析，并在此基础上进行相应的教学设计，提出在对疑问代词非疑问用法进行教学时应将集中教学和分散教学相结合。

周志慧(2019)基于留学生中介语语料，将"怎么"类疑问代词表示任指用法分为五种常见格式，并研究"怎么"类疑问代词任指用法的教学情况。

1.1.2 研究现状小结

1.1.2.1 既往研究的特点

1. 传统的疑问代词研究对疑问代词作为一个独立词类的性质进行了讨论，并从语法功能、语义功能等不同角度对疑问代词进行了分类。

2. 将疑问代词的功能主要划分为"疑问用法"和"非疑问用法"，做为疑问用法使用的疑问代词在特指问句中承担了疑问信息，同时也形成了疑问中心和疑问焦点。

3. 对疑问代词非疑问用法的分类越来越精细，对非疑问用法的研究越来越全面、具体、深入。

4. 注重对疑问代词专词的非疑问用法研究；同时，不满足于现象描写，开始试图用现代语言学理论从多角度对其进行解释，得出了许多颇有启发性的结论。

1.1.2.2 既往研究的不足

1. 以往的研究主要集中于疑问代词的非疑问用法，极少有包括疑问用法和非疑问用法在内的综合研究。在非疑问用法的分类方面又因观点众多、分类标准不一而显得模糊、混乱。

2. 在非疑问用法的研究方面，重视对专词和个别功能的研究，对疑问代词整体和功能与功能之间的联系则缺乏相应的研究成果。

3. 疑问代词语义方面的研究有待深入，而疑问代词的语义研究应该是研究疑问代词的关键和突破点。

4. 从整体考察汉语疑问代词在韩国语中对应形式的研究几乎是空白。

1.2 研究对象与研究范围

本书研究现代汉语疑问代词。首先，在综合丁声树等(1961: 158)、朱德熙(1982:80)、吕叔湘(1944:162-218)、刘月华(2004:54)等学者对疑问代词分类的基础上，参考玛琳娜·吉布拉泽(2005)对现代汉语疑问代词频率统计[1]，同时结合韩国语对应需求，从指代功能的角度将疑问代词的研究范围确定为：

表1. 疑问代词的指代功能分类

指代功能　　　疑问代词	具体疑问代词
问人物、事物	谁、什么、哪
问处所	哪里/哪儿
问数量	几、多少
问性状、方式、方法、原因	怎样、怎么样、怎么、为什么

然后，在借鉴前人研究成果的基础上，研究上述疑问代词的语义特征；并以这些疑问代词所及的原型语义、次边缘语义、边缘语义三个语义特点为宏观框架，对疑问代词的语义范畴进行分类描写和分析，继而考察其在韩国语中的对应形式。

1.3 理论基础与研究方法

1.3.1 理论基础

1.3.1.1 原型范畴理论

范畴是认知语言学中最重要的基本概念，人类对世界的认识离不开范畴。原型范畴理论是基于人类认知基础上的范畴化理论，也称现代范畴理论。原型范畴理论的核心观点认为：范畴的边界是模糊的；范畴内部有典型成员和非典型成员之分。典型成员即

---

1) 玛琳娜·吉布拉泽(2005)通过考察、整理180多万字的语料(包括报刊政论、科普书刊、剧本及长篇和中篇小说)统计出现代汉语疑问代词的出现频率，按频率高低顺序为：什么、怎么、谁、几、哪儿、为什么、多少、哪儿、怎么样、何、哪里、如何、多、干吗、怎样、怎、怎么着、为何、怎的、几时、哪会儿、多会儿、多咱。

为集合了范畴成员最多特征的原型，非典型成员则包括与原型有着不同程度相似性的其它成员以及模糊不清的边界。也就是说原型范畴的三个组成要素为：原型、其它成员及边界。本书在分析汉语疑问代词语义特征时，主要以原型范畴理论为基础。

1.3.1.2 主观化理论

人类的认知方式为解释和分析语言现象提供了理论框架。人作为认知的主体，通过逻辑推理、联想等各种手段来感知世界，不可避免的会将自身的态度、信仰和情感渗入其中，影响人们对事件及其关系的认识过程和结果。而这些影响会反映到语言的变化中。疑问代词的语义从疑问到非疑问的扩展过程，伴随着疑问代词的意义变得用来表达说话人对命题的态度、情感、视角，或是对自我的关注。说明了主观化在语义发展过程中的重要作用。本书借鉴主观化理论的研究成果，探讨疑问代词语义范畴扩展的机制与动因。

1.3.1.3 构式语法理论

构式语法是以认知语言学为理论背景发展起来的一种把构式作为研究核心的语法研究方法论，它为我们研究汉语语言现象提供了一个崭新的视角。

在众多构式语法研究学派中，对汉语构式语法研究影响最大的当属Goldberg。Goldberg(1995、2006)认为，构式的整个形式和意义(或功能)并非各个组成成分的形式和意义的简单相加，因此不能根据组成成分推知构式的形式和意义的全部。即构式是形式与意义的匹配体，构式整体大于部分之和。构式语法对于分析解释汉语里的某些特殊句式、特殊结构具有很大的理论意义与应用价值。汉语疑问代词表示非疑问功能时常用于某种固定的结构或句式，即某种构式形式，因此在分析疑问代词的非疑问功能时主要借鉴构式语法理论。

1.3.2 研究方法

1.3.2.1 描写与解释相结合的方法

描写法是本书所采用的基本方法。本书在收集、检索、分析大量语料，对汉语疑问代词各方面的特征进行广泛考察与充分描写的基础上，尝试从范畴化、主观化的角度对疑问范畴的扩展进行分析和解释，以揭示与汉语疑问代词有关的某些语法现象的根源及规律。

1.3.2.2 分类法

疑问、非疑指代和主观情态是疑问代词语义范畴所涉及的三个语义中心，本书对这三个语义进行分类研究，并在此基础上考察疑问代词在韩国语中的对应情况。

1.3.2.3 对比研究法

吕叔湘在《中国文法要略》(上卷出版例言)中曾指出："要明白一种语文的文法，只有应用比较的方法"。本书在对应部分主要采用的是对比的方法，在解释汉韩语对应规律时，利用对比语言学的理论与方法，找出汉语疑问代词与韩国语对应语言形式之间的异同。

1.3.2.4 总体考察与个体分析相结合的方法

在疑问代词的对应部分，我们首先从总体考察汉语疑问代词的疑问、非疑指代和主观情态这三大功能，然后再对研究范围内所有成员的语义进行个体的考察、分析。

1.4 语料来源说明

1.4.1 汉语语料

汉语语料主要来源于北京大学中国语言学研究中心制作的"汉语语料库"(http://ccl.pku.edu.cn，简称"CCL")。该语料库汉字总字数为783463175，其中现代汉语语料为581794456，古代汉语语料为201668719。部分语料来源于北京语言大学大数据与语言教育研究所的"汉语语料库"(http://bcc.blcu.edu.cn，简称"BCC")。该语料库总字数约150亿字，包括：报刊(20亿)、文学(30亿)、微博(30亿)、科技(30亿)、综合(10亿)和古汉语 (20亿)等多领域语料。

1.4.2 对应部分的语料

对应部分语料的来源为：

(1) NAVER중국어사전: http://cndic.naver.com

(2) Daum 중국어사전: http://dic.daum.net

第二章

原型范畴理论视域下的
疑问代词语义特征

本章拟从原型范畴理论的视角来梳理疑问代词语义扩展的脉络，构建疑问代词的语义范畴系统，并进一步探讨疑问代词语义范畴扩展的机制与动因。

2.1 原型范畴理论

2.1.1 范畴与范畴化

简单地说，"范畴"就是对事物所作的分类，那么语言学所说的范畴就是对语言结构、语义、功能等方面所分的类型。范畴是不断变化的，具有动态性特征。范畴化是一种心理过程，是人类从世界万物及现象的差异中看到相似性，并结合自己的主观认知，对这些具有相似属性的事物和现象进行概括，进而将其归为同一类型。即范畴化是对事物进行归类的过程，是人们划分范畴的过程和方式（王寅2011:31）。

2.1.2 原型范畴理论的形成及其特点

最早的范畴理论可追溯到在柏拉图和亚里士多德的范畴化理论基础上发展和建立起来的经典范畴化理论。其主要观点为(Taylor1989:79)：范畴是根据一组充要条件来定义；范畴的特征是两分的；范畴间有着清晰而明确的界限；同一范畴成员间地位平等。这种确定范畴的方法虽被广泛使用，但因是根据共有特征概括出来的，具有明显的局限性：因过分强调范畴成员地位平等和必须共享所有特征而致许多实体被排除在范畴之外；二分化的范畴特征忽视了大量中间现象和边缘范畴成员；范畴化过程的静态说明无法对语言与认知过程中的创造性作出动态解释(Lakoff1987, Rosch & CarolinB.Mervis1975)。

20世纪50年代，Wittgenstein(1953)提出了"家族相似性"理论，该理论认为范畴间的界限是模糊的；同一范畴内成员之间存在部分地重叠、交叉的相似性，但地位有区别；从最典型的成员到最边缘的成员其所具有的相似性是逐渐递减的。"家族相似性"为人们重新认识范畴的本质提供了重要的理论依据，但作为对经典范畴化理论的对立，Givón认为，家族相似性理论似有矫枉过正之嫌。

1969年，B. Berlin & P. Kay(1969)在调查研究了98种语言的颜色词的基础上对颜色范畴进行了研究。研究发现，所调查的语言中基本都存在11个基本颜色范畴，每一个颜色范畴都有一个最具代表性的颜色，由此提出了焦点色的概念。其后，心理学家Rosch通过系列试验对焦点色范畴进行研究，并在此基础上首次提出原型范畴理论。

原型范畴理论主要有以下四个方面的特点：1. 范畴成员的原型性。因为原型处于范畴的中心，具有最大的区分性和最多的信息量，也是人们最熟悉、常见的事物。所以范畴的确定主要依据原型成员，即典型成员。2.范畴结构的向心性。范畴是以原型为中心，以家族相似性为纽带逐步向边缘扩展的连续体。3.范畴边界的模糊性。因客观世界保罗万象，客体与客体之间通常具有连续性，边界不明确，这是范畴边界模糊性的客观原因；人的认识能力有限，认识主体在其认识中表现出认识模糊特征，这也是模糊性产生的主观原因；另外，语言符号是有限的、非连续的，以有限的非连续的语言符号来承载无限的、连续的外部世界，必然导致范畴边缘的模糊性。4.范畴边界的开放性。这与范畴边界的模糊性密切相关。因为范畴边界是模糊的，范畴的范围可以扩大或缩小，范畴内的成员数目可以不断变化，范畴才具有开放性。

　　原型范畴理论认为，语义的形成是人类在体验客观世界的过程中进行主观上的范畴化，范畴的界限模糊；范畴成员在语义范畴内地位不同，有一个中心或核心意义作为其他语义的原型，即原型意义；其他边缘语义与原型意义有着千丝万缕联系，并且是在原型意义基础上的进一步延伸，产生新的衍伸意义，从而形成更大语义范畴。

2.2 疑问代词的语义及其扩展

　　原型，代表了范畴的主要特征，是一个范畴中最具代表性的成员或这些成员的集合体，它们能够体现范畴的所有形态、句法和语义特征，是范畴内的典型成员或曰中心成员。典型成员以外的其他成员称为非典型成员。其中，与原型特征有部分相似性的称为次典型成员或次边缘成员；另外一些处于范畴边界，与其他范畴的典型成员具有一定的相似性，体现出其他范畴特征的称为边缘成员。

　　疑问代词在不同的环境下呈现出不同的语义功能,有时既表疑问又表指代,有时不表疑问只表指代,有时既无疑问又无指代,这些不同的语义集于一体,构成疑问代词语义范畴。

2.2.1 范畴成员及其语义扩展

　　根据原型范畴理论,疑问代词的语义范畴由范畴内不同等级的语义成员组成,范畴成员在范畴内的地位是不平等的:有的位于范畴的中心位置,有的处于范畴的次边缘位置,有的处于范畴的边缘位置。位于范畴中心位置的是范畴的中心成员,即该范畴的原型;处于范畴次边缘位置的是次边缘成员;位于范畴边缘位置的是边缘成员。中心成员、次边缘成员和边缘成员根据它们拥有原型语义特征的多少来决定:能最大化拥有原型语义特征的范畴成员是中心成员,仅拥有一部分和不拥有原型语义特征的范畴成员分别是次边缘成员和边缘成员。

　　首先,[+疑问]、[+指代]是疑问代词语义范畴的两大语义特征,疑问代词语义范畴的中心成员,因完全拥有这两个语义特征而体现为语义范畴的原型语义。对于疑问代词的“疑问”这一语义特征,丁声树(1961:162)作了如下说明:疑问代词的主要用处是表疑问,就是不知而问。用“谁”来问不知道的人,用“什么”来问不知道的东西,用“哪儿、哪里”来询问不知道的地方。而对于疑问代词的“代”这一语义特征,吕叔湘(1979:36)进行了这样的解释:代词成为杂类的原因在于代词不是按句法功能分出来的类。若从句法功能的角度,代词有的相当于名词,有的相当于形容词,有的相当于副词，还有的相当于动词、数词，代词自成一类是因为有"代"这一共同特征。

根据原型范畴理论的观点，范畴中的原型能最大化地提供与范畴相关的语义信息，是最易被大脑认知而予以优选的对象。原型语义由于能最大化地、全面地拥有疑问代词[+疑问]、[+指代]的语义特征，因此，是最易被人认知并加以优选的对象。疑问代词在疑问句中体现的是这一原型语义，使得疑问功能成为疑问代词的最基本的功能。

除用于特指问句体现[+疑问]、[+指代]两大语义以外，疑问代词还可用于非特指问句。疑问代词在非特指问句中的语义可分为两类，一类是[-疑问]、[+指代]。此时，疑问代词失去原型语义特征之一的[+疑问]并代之以[-疑问]时，其用于的原型语义特征因数量减少而沦为次边缘语义。次边缘语义是介于原型语义与边缘语义之间的一种语义，这类语义产生于原型语义之后、边缘语义之前。与原型语义特征和边缘语义特征相比，次边缘语义特征处于[+疑问]、[-疑问]之间，即丧失了疑问功能，但还具有指代功能，我们称其为"非疑指代功能"。对于疑问代词非疑问用法的分类，历来是各家分类多寡不一，名称不尽相同。我们根据疑问代词所指代的内容，着眼于句子结构所表现的语法意义，将次边缘语义分为虚指、任指、互指、呼应指和例指、借指。虚指表示一种不确定、不肯定的指代，即不知道、想不起、说不出或者是不必明说的指代；任指指的是在所涉及的范围之内没有例外，指代全部和一切；互指也称异指，是由两个同形疑问代词一前一后构成，两个疑问代词不仅分别指代前文中提及的人或事物，还彼此指代；呼应指也是由两个同形疑问代词一前一后构成，但二者是前后相承、呼应着使用，后一个随前一个变化而变化。例指和借指的指代性质其实也是虚指，但又与虚指不完全相同，二者更接近一种语用意义。其中，例指表示除了已列举项之外，还有一些尚未列举的同类项，具有列举未尽之义；借指指的是当人们对某一信息一时想不起、说不清抑或是不想直说时，便会临时借用某一疑问代词来替代，有时，被替代的部分可以还原。

疑问代词用于非特指问句的另一类语义是[-疑问]、[-指代]，即疑问代词既没有疑问功能，也没有指代功能，疑问代词的客观性语义特征逐渐丧失，而仅表达说话人的一种主观态度和立场，此时，疑问代词失去所有的原型语义特征而最终沦为边缘语义。当然，从次边缘语义到边缘语义有一个过渡阶段，但过渡阶段语义特征及其形成等内容不是本书的研究重点，在此不做过多论述。我们把疑问代词边缘语义的这种不表疑问也不表指代的用法称为"主观情态功能"，主要有强调、否定、感叹和话语标记。强调主要指反问强调，反问是表示强调的一种方式，其作用主要是通过疑问形式来表达说话者某种非常明确的看法，加强语势，显示特殊的语用效果；否定指的是在交际过程中，疑问代词不依赖任何否定标记，只是通过一定的语境与被否定对象的组合来表示否定，主要表达一种语用功能，即说话者对某件事物的否定态度，如不满、讽刺、反驳、禁止、谦虚、委婉等；感叹指的是疑问代词与感叹词或句末感叹语调一起表达感叹语气的功能；话语标记指的是疑问代词从句子中分离出来而成为一个独立成分，主要用于句首，相当于一种话语层次上的标记，不具有任何概念意义，只是话语单位之间的一个连接、依附成分，有时也可以表明说话者的立场、情感及态度。

当然，从原型语义向边缘语义的扩展是一个渐变而不是突变的过程，相邻语义范畴之间是互相渗透，互相重合和相互影响的。疑问代词的原型语义和次边缘语义之间以及次边缘语义与边缘语义之间也都有一个语义过渡的阶段。

2.2.2 语义扩展的机制与动因

范畴的出现首先依托一个原型，以这个原型为基点，依据原型的一些特征逐渐将与其特征相符的事物"拉拢"过来，构建一类事物。距离原型越近，与原型的相似度越高。因此，同一范畴中的若干成员之间地位是不一样的，有的位于范畴中心，有的位于范畴边缘，从范畴中心到范畴边缘扩展的过程即为范畴化的过程，范畴化的结果就是某一个范畴的形成。

范畴化是一个心理过程，但不是任意的，是以客观现实为基础、经认知的折射后，反映到语言中的。范畴扩展的动因和机制也不是随意的，从哪一类事物扩展到哪一类事物、怎么扩展到该类事物、依据是什么，都是有一定规律的。一般认为，机制是语言单位发生演变的方式和语言环境条件，来源于系统之内；而动因是促成语言单位发生演变的原因、引起变化的因素，一般来源于语言系统之外；以下我们主要从原型语义的辐射、隐喻和转喻的投射、主观因素的介入三个方面来分别对疑问代词语义范畴扩展的机制和动因进行探讨。

2.2.2.1 原型语义的辐射

如同大多数语言范畴，疑问代词的语义范畴经历了一个动态发展的过程,即由单义范畴向多义范畴扩展的过程。人们根据范畴内的原型进行概念化,成为原型语义,然后不断地衍生演变出相似的语义,从而最终形成一个词语的互相关联的语义网络。世界万物的范畴化体现为一种心理过程,而对疑问代词语义范畴成员进行分类是以原型为基础来进行,这也是一种心理认知过程。

在疑问代词所有的语义范畴内,原型语义是指疑问代词的[+疑问]、[+指代],而"疑问"又包括了"疑惑"、"询问","指代"包括了"指示"、"代替",疑问代词根据[+疑惑]、[+询问]、[+指示]、"[+代替]"这一原型语义对语义进行范畴化。如:

(1) "看,那是什么?"我顺着她的手指看去,远处正有几只水鸟在悠闲自在地慢步。

(2) 人生最大的幸福是<u>什么</u>?

(3) 我问:"你是来度假的吧。"他一边开车一边轻松回答:"不是,我是来游英吉利海峡的。""<u>什么时候</u>?"我吃惊地问。

(4) 记者问她:"你想去<u>什么地方</u>?""孤儿院。"女孩脱口而出,好像早就把去处想好了。

以上四个例句中的"什么"分别是问具体事物、抽象事物、时间、地点,都代表了疑问代词的原型语义。疑问是人类在体验客观世界过程中较早形成的重要的表达方式,是最基本的范畴,其他语义范畴成员都是在这个原型语义基础上构建起来,并与之有着不同程度的相似性。如:

(5) 俞山松把老头扶起来，问道："大爷，没摔着哪儿吗？"

(6) 这是时间是不是有什么特别意义？

(7) 厂长比工人的工资高不了多少。

(8) 谁违规就查谁。

例(5)、例(6)都是疑问句，其中例(5)是是非问句，例(6)是正反问句。"哪里"和"什么"在这两个问句中已不承载疑问信息，但因处于疑问句，或多或少还带有一些疑惑，同时指代"处所"和"事物"的语义还在，即还具有[+疑惑]、[+指代]的语义特征。而例(7)、例(8)都是肯定句，"多少"和"谁"在句中既无"疑"也不"问"，只保留了"数量"和"人"这一[+指代]的语义特征。再如：

(9) 没有土壤，蔬菜怎么能生长呢？

(10) 她自己是助产士，为了母亲和孩子的幸福，她曾付出了多少心血啊！

例(9)中"怎么"表反问，但反问不等于没有"疑"的成分(齐沪扬2010:107)，所以"怎么"不能说完全没有[+疑问]的语义特征；例(10)中的"多少"表示感叹，但因感叹数量之多，也还具有[+指代]的语义特征。

可见，例(5)-(10)的语义与原型语义仍然具有某种联系，也就是说其他语义范畴成员是围绕这个原型语义建构起来，并与之有着不同程度的相似性，都或多或少带有"疑问"或"指代"的特征。语义范畴成员之间具有重叠的属性组合，相邻语义范畴之间是相互渗透、相互重合、相互影响的。

2.2.2.2 隐喻和转喻的投射

人类认知的过程往往依赖较具体的概念去理解较为抽象的概念。即首先形成的是具体、简单或容易被理解感知的概念范畴，然后再通过隐喻和转喻模式将这些概念投射到抽象、复杂或难以理解的其他抽象概念，使人们能够对抽象复杂事物进行概念化、理解和推理。因此，隐喻和转喻的投射是致使一个词不同语义项之间相联系的重要方法。在隐喻和转喻模式的作用下原型语义衍生出其他语义，这是一词多义产生的认知基础和内在规律。

（一）隐喻投射

关于隐喻，Lakoff&Johnson(1980:35-38)认为：隐喻不仅是语言修辞手段，更是人类普遍的思维方式和认知机制，其本质是人们用一种事物来理解和体验另一种事物，是概念性的；隐喻的工作机制是一个域(源域)向另一个域(目标域)之间的系统映射,这种映射具有方向性、系统性、不完全性等特点。隐喻根植于我们的生活经验，两种事物在我们的生活经验中的相似性是隐喻意义产生的基本条件。相似性有物理的相似性(如形状、过程、功能等) 和心理的相似性(心理感受上的相似)之分，相似性程度不同决定了隐喻性程度的高低。(束定芳：2008:168)

在日常生活中，人们总是倾向于从自己熟悉的、有形的具体事物出发，通过联想，把已知事物与新的、无形的抽象事物相联系，找出他们的相似之处，这样就产生了不同认知域之间的映射，从而形成新的概念，产生新的意义。原则上，疑问代词有多少指代语义，就有多少个认知域。从隐喻的视角，这些认知域之间的关系，是源域向目的域投射的关系。如：

(11) "你没事吧？感觉哪里疼？" 他询问着，看见她脸色苍白时，心中的担忧更加严重。

(12) "吉村先生，今天晚上我不想回家了！我要跟您走，无论哪里都行。" 由纪子语气坚定。

(13) 我今晚可能多喝了两杯，在这种情况下哪里能写出好文章？" 他爬上床，吹灭了灯，几乎是立刻就呼呼睡去了。

(14) "好久不见，您家里人都好吧？直美经常给您们添麻烦。""哪里呀。" 直美从一旁一把夺过话筒。

例(11)的 "哪里" 是原型语义，询问身体的具体部位；例(12)的 "哪里" 是任指，表示任何地方；例(13)的 "哪里" 是用反问形式强调 "在这种情况下写不出好文章"；例(14)的哪里表示对对方话语的否定，主观认为自己没给对方添麻烦。从例(11)-(14)，"哪里" 经历了一个 "原型语义(疑问) → 次边缘语义(任指) → 过渡语义(反问强调) → 边缘语义(主观情态)" 的投射过程。再如：

(15) 我叫他们不要跟着是因为跟不跟也没有什么区别。凭着两条腿，跑不到哪里去。

(16) 至于对房市的看法嘛，4000 多元的房子再跌也跌不到哪里去。

(17) 一个星期以来，黎婶的脸色都好不到哪里去。一脸苍白加上眼袋浮肿，看得出来为情所困。

例(15)-(17)中的 "哪里" 都是虚指用法，都属于次边缘语义范畴，但因为同现的谓词不同，所指代的具体认知域也不同。例(15)中的"哪里"和动词"跑"搭配，指代一个具体的空间场所，这个空间场所表示某种范围，具有空间域特征，因此具有一定的量度性。人们在认识其他事物时，通过相似性联想，把这种量度属性映射到其他事物上，"哪里"就可以用来喻指数量，形成其意义的隐喻延伸：如例(16)中的"哪里"与动词"跌"同现，表示某种数量，具有量度特征，指代一个比较抽象的数量；例(17)中的"哪里"与形容词"好"同现，表示某种程度，具有程度义特征，指代某种抽象的程度。可见，"哪里"的指代经历了一个"空间域 → 数量域 → 程度域"这样一个投射过程。

人类从自己熟悉的、具体可感知的事物出发，把某个词语的本义向不同概念域映射，从不同角度对词义进行扩展和延伸，这种认知隐喻思维就为词语的多义产生奠定了基础。

（二）转喻投射

认知语言学认为，转喻同隐喻一样，是人们日常的思维方式，它不仅构成了我们的语言，而且构成了我们的思想、态度和行为，是人们认识世界的工具和理想化认知模式(Lakoff G & Johnson M. 1980:35-38)。转喻，更多的是在一个认知域内的投射，转喻表达的主要功能是，在同一个认知域内用某个范畴特征去激活该范畴，并用这种方式去突出那个子特征模型(Ungerer&Schmid2001:129)。

下面我们以疑问代词"谁"为例，来对"谁"的转喻进行说明。"谁"的原型语义包括[+疑问]、[+指代]，而前文已经论述，"疑问"表示"疑惑"、"询问"，"指代"包括了"指示"、"代替"。

(18) a. 王刚是<u>谁</u>？—— 王刚是一位老师。

　　 b. 王刚是<u>谁</u>？—— 他。(手势动作)

　　 c. 王刚是<u>谁</u>呢？(心里想)

　　例(18)a中用"一位老师"回答"谁"，这里"谁"休现的是疑问代词的原型语义[+疑问][+指代]。例(18)b中，手指着一个人来回答"谁"，主要表示区分、指别，语义特征[+指示]被凸显出来。例(18)c是说话人心中的疑惑，并没有发问，只是自己心里在想，语义特征[+疑惑]得以凸显。例(18)b和例(18)c中的这两种凸显都是在原型域这一共同的认知域内发生，分别由认知域内的语义特征[+指示]、[+疑惑]去激活疑问代词的原型认知域，[+指示]、[+疑惑]也因其激活而得以凸显。再如：

(19) a：这次，我却多问了一句："你妈不喜欢你？"

　　 b："<u>谁</u>知道！"

　　例(19)b中，"谁"用于陈述句表示虚指，指不确定的人，但与"知道"搭配后表示"没有人知道"、"我不知道"，[+否定]的语义特征得以凸显。[虚指]和[否定]都属非疑问、都是非原型域，但在例(19)b中，[+否定]的语义在认知度的"显著度"上明显高于[虚指]，所以一般将其作为否定功能来看。

2.2.2.3 主观因素的介入

　　"主观性"(subjectivity)是指语言的这样一种特性,即在话语中多多少少总是含有言者"自我"的表现成分。也就是说，言者在说出一段话的同时表明自己对这段话的立场、态度和感情,从而在话语中留下自我的印记。"主观化"(subjectivisation)则是指语言为表现这种主观性而采用相应的结构形式或经历相应的演变过程(Lyons1997:739;沈家煊2001:268)。Traugott & Dasher(2002)认为,主观化不是一个一蹴而就的过程,而是一个"语义－语用"的渐变过程,"意义变得越来越依赖说话人对命题内容的主观信念和态度"。即某种语言形式和结构由最初主要表达具体的、词汇的和客观的命题意义,后来逐渐演化为表达抽象的、语用的、主观的信念、态度和情感。

　　疑问代词语义范畴化的过程是人们主观上将单义范畴扩展为多义范畴的过程。可以说,没有人类主观意识的参与,就没有概念结构,更没有语义范畴之说。疑问代词从仅有原型语义的单义范畴扩展为既有原型语义又有次边缘语义和边缘语义的多义范畴,无不涉及到言者的主观性因素,从原型语义到次边缘语义最后到边缘语义,是主观性因素越来越多,从而主观化程度越来越强的过程。参考Traugott(1995)的论述[1],并结合语言实际,我们主要从以下两方面来讨论疑问代词主观因素的介入为疑问代词语义扩展带来的影响。

(一) 认知主体的作用

　　Langacker(1987)认为,语言所包含的语义,实际上是人类身体经验的概念化。所谓的语义,是经过认知加工或心理加工等方式

---

1) 主观化表现在相互联系的以下几个方面:由命题功能转变为言谈功能,由客观意义转变为主观意义,由非认识情态转变为认识情态,由非句子主语转变为句子主语,由句子主语转变为言者主语,由自由形式转变为黏着形式。

获得。这一语义的获得可以理解为概念在心智中被激活，并融合认知主体的主观识解[2]。即人类在认识外在世界的时候，必然以自己已有的意象图示去识解新的对象，如果该对象可以被识解，则会被认知主体直接吸收，反之则需要调整自己的意象图示以从新的角度去识解该对象，最终达到该对象的认识。在整个过程中，认知主体的主观性是居于重要地位，且贯穿始终的。而整个过程是动态的，加入了很多主观性的内容。

疑问代词的原型语义是"疑问"和"指代"，而特指问中疑问代词的指代对象是某个客观实体，产生"疑"并提出"问"的认知主体通过"疑问"和"指代"的感知途径开始进入感知域。如：

(20) 他问："你知道这是谁的东西？"温柔怔了半响，才摇了摇头。

(21) "咦？那是什么？"埃迪叫了起来，并激动地指着一束奇怪的蓝光。

(22) "他现在哪里？"我问道。"他还在楼上睡着呢。他吩咐过，到九点钟才叫醒他。"

(23) 小平语气和蔼地问殷延福："你们连队有多少人？""总共1076人。"

(24) "你们两个怎么不上学？"我说。"今天不上课，"那孩子说，

例(20)-(24)中"谁"、"什么"、"哪里"、"多少"、"怎么"的指代对象分别是客观存在的人物、事物、地点(身体部位)、数量和原因。认知主体通过"疑问"和"指代"进入感知域，并将主观性意识带入观

2) Ronald W. Langacker著/牛保义等译《认知语法基础》(第一卷)，北京大学出版社，2013:105-106.

察场景, 作用于指代对象, 使得客体的客观意义开始发生变化, 逐渐向主观意义方向发展。

在人类的认知过程中, 认知主体对认知客体或客体的某一部分往往会给予特别的关注与强调, 相应的意象图示中的组成成分或其关系会随语境等的不同而得以不同的凸显[3]。

在疑问代词的次边缘语义阶段, 认知主体通过 "指代" 进入凸显域, 并将自己的情感、态度等主观意义作用于指代对象, 使指代对象具有并加强了主观性意义。如:

(25) 恍恍惚惚之间, 她突然觉得这个人面熟, 好像是在哪儿见过!

(26) 在发展社会主义市场经济的今天, 无论你是从事经济工作、政治工作, 还是其他什么工作, 都应有良好的交际能力。

(27) 不管外界怎么吵闹, 跟我不相干, 我自如游戏人间, 潇洒自在, 无所挂牵。

在例(25)-(27)中, 由于观察主体情感、态度等因素的介入, 疑问代词所指代的对象开始变得不肯定、不确定、不清楚, 而模糊不确定是凸显对象的客观意义减少, 主观意义增加的表现。疑问代词的语义范围因为这些主观性因素的进入而增加了主观意义。此时, 由于认知主体进入凸显域, 使得对客体的 "疑问" 消失。

在疑问代词的边缘语义阶段, 认知主体、听话者与凸显域重合, 原来被凸显的客体的 "指代" 意义被代表主观意义的说话人和听话人所覆盖, 并使其成为凸显对象。

---

3) Ungerer, F.& H.J. Schmid. An Introduction to Cognitive Lingguistics, Addison Wesley Longman Limited, 1996, p.163-191.

(28) 没有土壤，蔬菜怎么能生长呢？

(29) 我们都是穷学生，千里迢迢来到大后方，一日三餐尚不果腹，哪儿有钱呢！

例(28)的"怎么"相当于"不应该"，例(29)的"哪儿"相当于"没"。 作为"怎么"、"哪里"在原型语义和次边缘语义的凸显意义之一的"(地点/原因)指代"，被观察主体所理解并接受的主观意义"不应该"、"没"所覆盖。即因为表示主观意义的说话人/听话人进入凸显域，凸显位置上的指代也被覆盖。这样，原来客观凸显域中的"疑问"和"指代"完全被具有主观意义的背景所取代。

疑问代词由原型语义扩展至次边缘语义再到边缘语义，是由于认知主体在凸显域内施加的主体影响力逐级加大而致。认知主体由感知域进入凸显域后，主体意识不断作用于凸显对象，使凸显对象越来越多地失去客观性特征而增加主观性特征。疑问代词在原型语义阶段，主观语义进入；在次边缘语义阶段，主观语义加强；在边缘语义阶段，凸显对象实现语义的主观构建。

(二) 句法语境的影响

从认知语言学的角度来看，词语的含义没有固定不变的，是随着认知主体在客观语境中的使用而不断发生变化的。一个词语的语义和语境是具有非常密切的关联的，语义对语境具有高度依赖性。本文所说的语境主要指句法语境，即句法位置。刘坚等(1995:161)认为，就多数情况而言，词汇的语法化首先是由某一实词句法位置的改变而诱发的。即"出现在非典型分布位置的实词容易语法化。"这说明，语法化和语法成份在句中位置的变化存在一定的关系。疑问代词的主观化也遵循这一规律。

疑问代词的语义由原型向次边缘再向边缘扩展的原因之一就是疑问代词经常出现在某些特定的句法环境或某种固定的句法位置。

疑问代词在原型语义阶段，其句法位置相对来说还是比较自由的。如：

(30) 什么是幸福？把愉快带给别人就是自己的幸福。

(31) "状态怎样？""没有异常。"少女轻声说。

(32) "肖克尔是谁？""他也是我们这群外来人中的一个。"韦利珀斯答道。

(33) 你们现在有多少人？

(34) 我要怎么做才能帮助你？

以上五个例句中的"什么"、"怎样"、"谁"、"多少"、"怎么"、分别在句中作主语、谓语、宾语、定语、状语。这些位置都是疑问代词表疑问的典型位置。即"谁/什么/哪儿/哪里"主要做主语、宾语、定语，其位置就在主语、宾语和定语的位置；"多少"主要做定语和宾语，其位置就在定语和宾语的位置；"怎么"、"怎(么)样"主要做谓语和状语，其位置就在谓语和状语的位置。

疑问代词在次边缘语义阶段，其句法位置开始发生变化。如：

(35) 无论哪儿发生了械斗，一听说他来了，械斗马上就平息了。

(36) 分析人士一直认为，不管谁担任总理，印度的对外政策都不会发生大的改变。

(37) 因为当时的生活水平还<u>不怎么</u>高，人们满足于吃好、穿好、住好，对如厕的清洁、卫生还不重视。

(38) 当被告知客轮失事的消息时，有人失声痛哭，有人狂奔而去，<u>不知哪里</u>才能逃避失去亲朋的痛苦。

(39) 五个人平起平坐，不分高低，<u>谁也管不了谁</u>。

(40) 我的悟性相当高，<u>学谁像谁</u>，甚至比许多著名歌星唱得都好，发展好了将来说不定还会成个百变歌后呢！

　　在例(35)-(36)中，疑问代词"哪儿"、"谁"分别与"无论"和"不管"同现，表示所说的范围内没有例外，是任指功能。汉语疑问代词表任指时，主要出现在"无论/不管/不论+WH"、"WH+都/也"或"无论/不管/不论+WH+都/也"三种结构中。

　　在例(37)-(38)中，疑问代词出现于"不/不知+WH"结构。此类结构中的疑问代词主要表示一种不确定、不清楚的状态，是疑问代词的虚指功能。

　　例(39)和(40)主要为"谁"的用例，例(39)中的前后两个"谁"构成了某种句法关系，分别作主语和宾语，指代的对象可互换；例(40)前一个"谁"为不定指，后一个"谁"随前一个变化而变化，与前一个所指相同。

　　可见，由于句法位置的改变，疑问代词与句子前后成分的搭配关系及语法功能等也相应地发生了变化。其"疑问"义消失，只留有指代功能。

　　疑问代词在边缘语义阶段，由于句法位置的改变、句法环境的影响，而成为了一个主观性成分。下面以反问、否定的相关语料为例。

(41) 她们是最好的朋友，出了这么大的事，她<u>怎么可能</u>不露面？

(42) 他摇摇头，说道："<u>急什么</u>！"

(43) 杨庭辉说："<u>走什么走</u>，都是领导干部，有问题大家一起听嘛。"

例(41)由于"她们是最好的朋友，出了这么大的事"的提示，和"怎么+可能"的搭配，首先可以确定这不是疑问句，而是反问句。用反问句的形式表达"她会露面"这一事实，表明了说话人的主观认识和态度。即说话者认为"她"对这件事很重视，"她肯定会露面"，句子所承载的信息是说话者的主观认识，具有较强的主观性特征。

例(42)中的"急"为形容词，形容词后面是"什么"的非典型分布位置，即"急+什么"为非常规搭配。根据"语法形式的非同义原则(Principle of NO Synonymy of Grammatical Forms)"，此时"什么"的原型语义消失。受前文"他摇摇头"否定义的影响，"什么"在此表否定，相当于"别"或"不需要"。同样，例(43)中"走"为不及物动词，不及物动词后面也是"什么"的非典型分布位置，更何况例(43)的"什么"是处于两个"走"之间，"走+什么+走"属于超常规搭配。加之，后文"都是领导干部，有问题大家一起听嘛"有劝阻"大家留下来一起听，不要走"之义，所以"什么"在此也是表否定，表示"别"、"不要"。在此结构中"什么"的位置逐渐固定，从而变成主要表主观否定的语法成分。以上分析可见，句法因素是疑问代词由原型语义扩展出次边缘语义和边缘语义的充分而必要的条件。

2.3 小结

原型理论是认知语言学最具代表的理论原则之一，是范畴理论发展过程的最新阶段，在范畴成员的地位以及成员与成员之间的关系上，为范畴化理论确立了一个科学的体系。

本章以疑问代词语义所涉及的疑问、非疑指代和主观情态三个语义特点为框架，用原型范畴理论分别对疑问代词的原型语义、次边缘语义以及边缘语义进行分类描写和分析。疑问代词的各类语义，根据其拥有范畴语义特征的多少，来决定它们在范畴中的地位。全部拥有范畴语义特征[+疑问]、[+指代]的语义是原型语义，位于范畴的中心位置，也称为"中心语义"；只部分拥有范畴语义特征[-疑问]、[+指代]的语义，位于语义范畴的次中心位置，称为"次边缘语义"；完全丧失了范畴语义特征，表示[-疑问]、[-指代]的语义，位于语义范畴的边缘位置，称为"边缘语义"。

疑问代词的语义范畴之所以能够不断扩展，我们认为主要与原型语义的辐射、隐喻和转喻的投射、主观因素的介入等三方面有关。原型理论是疑问代词语义范畴扩展的理论基础；隐喻和转喻是疑问代词语义范畴扩展的具体表现；而主观化是推动疑问代词语义范畴扩展的主要内因，疑问代词从单义范畴向多义范畴的扩展反映了语言演变过程中的主观化，因此，疑问代词语义范畴的扩展与语言的主观化是一致的。

第三章

疑问代词的原型语义及
其韩国语对应形式

3.1 疑问代词的原型语义

3.1.1 疑问代词的原型语义特征

林祥楣(1958:12)指出，汉语疑问代词表示询问，又能代替，疑问代词在特指问句中能代替未知的事物。丁声树(1961:162)从"问"的角度对疑问代词的语义特征进行了说明：疑问代词的主要用处是表询问，就是不知而问。吕叔湘(1979:36)从"代"的角度对疑问代词的语义特征进行了解释，指出代词成为杂类的原因在于代词不是按句法功能分出来的类。若从句法功能的角度，代词有的相当于名词，有的相当于形容词，有的相当于副词，还有的相当于动词、数词，代词自成一类是因为有"代"这一共同特征。邵敬敏(2001:178)认为疑问代词是用来表示疑惑并提出问题的词。例如：谁、什么、哪、哪儿、哪里、多会儿、几、多少、怎么、怎么样、怎样。有的疑问代词相当于名词，例如：谁；有的疑问代词相当于副词，例如：怎么；有的疑问代词相当于数词，例如：几、多少；还有的是兼类的：什么、哪儿。

通过前辈时贤对疑问代词原型语义的阐释，我们可以将疑问代词的原型语义特征总结为：[+疑问]、[+指代]。

根据原型范畴理论，范畴中的原型能最大化地提供与范畴相关的语义信息，是最易被大脑认知而予以优选的对象。由于疑问代词的原型语义能最大化地拥有疑问代词[+疑问]、[+指代]的语义特征，因此，相较于其他语义，更易被认知并加以优选。

3.1.2 "是" 在原型语义中的焦点作用

"焦点" 在不同领域可以有不同的理解。在语言中，它可以表示说话人认为比较重要，需要通过语言手段来强调的成分。

在汉语特指问句中，疑问代词是说话人最想知道的部分，自然也就成为特指问句的焦点。汉语中的疑问代词带有疑问标记和焦点标记。正是因为带有焦点标记，它们自动成为所在句子的焦点成分[1]。

但如果需要对疑问代词这一焦点成分再进行强调的话，就得在疑问代词前面加上焦点标记词 "是"，"是" 使得后面的疑问代词成为强式焦点。例如：

	A	B
(1)	谁这么大的口气？	是谁这么大的口气？
(2)	你在哪儿学到的？	你是在哪儿学到的？
(3)	什么使得他们如此呢？	是什么使得他们如此呢？

在特指问句中，一个疑问代词代表一个焦点，那么多个疑问代

---

1) 参看徐杰(2001:6-7)

词同时出现的疑问句中相应地也就有多个焦点。如：

(4) 谁在那里做<u>什么</u>？

(5) 你这一年在<u>哪儿</u>赚了<u>多少钱</u>？

徐杰(2001:126)认为一个简单句可以同时拥有多个焦点，但是它要突出强调的一般只有一个，这可以称为"单一强式焦点原则"。当一个简单句包含多个焦点时，专用的焦点形式只能突出强调其中的一个，一般是第一个疑问代词受强调的程度高。所以如果要加焦点标记词"是"的话，也只能加在第一个疑问代词前，因为在线性序列上它是首先出现的。那么上两例加上焦点标记词"是"后则为：

(6) <u>是</u>谁在那里做什么？

(7) 你这一年<u>是在哪儿</u>赚了多少钱？

黄正德(1989)认为：焦点标记词"是"只能出现在主语之前或者主语和主要动词之间，不能出现在动词和宾语之间，也不能出现在介词和宾语之间。这说明"是"不是个单纯的焦点标记词，他还带有动词的特征。

3.1.3 疑问代词原型语义的句法功能

由于疑问代词不是按句法功能分出来的类，因此不像其他词类那样，在句法功能上表现出一致性。根据所指代内容的不同，不同疑问代词的句法功能也表现出较大的差异。如有的疑问代词指代名词，它们在句中就可以作主语、宾语、定语；有的疑问代词指代动词，就可以在句中作谓语；有的疑问代词指代形容词，就可以在句中作定语；还有的疑问代词指代副词，就可以在句中作状语 … 即疑问代词以原型语义使用时，其句法功能由其所指代内容的词性所决定，可以在句中充当"主、谓、宾、定、状、补"所有句法成分。具体情况如下：

3.1.3.1 疑问代词作主语

语料检索发现，除了"几"和"为什么"以外，其他疑问代词都可在句中作主语。例如：

(1) 谁能回答这个问题？

(2) 什么叫义务教育？

(3) 你怎么了？哪里不舒服？

(4) 把部首与部里的字联系起来看，哪是形？哪是声？

(5) 梁冬问："多少是及格？"

(6) 牛金星苦笑不语，心中盘算："怎么好？去不去？嗯？"

(7) 怎样才算是最后的胜利者？

(8) 怎么样是合理的？

"谁、什么、哪里/哪儿"在句中常作主语，如例(1)-(3)。"哪"作主语时常使用并列形式，如例(4)。"多少"作主语的情况较少，作主语时后面往往省略被修饰的名词，如例(5)中"多少"的后面省略了

"分"。"怎么、怎样、怎么样"作主语较受限制，一般只能在相关语境中才能充当主语。另外，"怎么"作主语时后面的谓语通常为"(是)好"，"怎样、怎么样"作主语时后面常加"是"，形成"怎样是…"、"怎么样是…"的形式。

3.1.3.2 疑问代词作谓语

能在句中作谓语的疑问代词较少，主要有问性质、状态的"怎么、怎样、怎么样"、问原因的"为什么"和问数量的"多少"。例如：

(1) 房地产业究竟怎么了？

(2) 他故作惊讶："怎么啦？"

(3) 您身体现在怎样？

(4) 门店的生意怎么样了？

(5) 他这样做究竟为什么？

(6) 管理人员问我："你体重多少？"

"怎么"作谓语时一般不能直接放在句末，后面通常要加上语气词"了、啦"，如例(1)、(2)。"怎样、怎么样"可以直接放句末作谓语，如例(3)；也可以在后面加上语气词"了"、"啊"等，如例(4)。"为什么"作谓语时，前面通常有"究竟、到底"等副词，如例(5)。当主语与"多少"之间没有判断动词"是"时，"多少"可作谓语，如例(6)。

(7) 我就知道他不是好东西，仗着有两个臭钱，<u>他把你怎么</u>了？

(8) 你先说吧，你要<u>把他怎么样</u>？

(9) 她气愤地踢了我一脚，"他到<u>底怎么你</u>了？"

(10) 你想<u>怎么样她</u>？

"怎么、怎样、怎么样"也可以作"把"字句中的谓语，如例(7)-(8)；有时可以将"把"可以省略，后面直接加宾语，如例(9)-(10)。

3.1.3.3 疑问代词作宾语

通过语料检索可知，我们所要考察的疑问代词除了"怎么"以外，都可在句中作宾语。例如：

(1) 当代你最崇拜的人物是<u>谁</u>？

(2) 如果你有足够的钱和时间，你会去做<u>什么</u>？

(3) 大人和小孩最重要的区别在<u>哪儿</u>？

(4) 你对票据法知道<u>多少</u>？

(5) 一家银行招聘会计主任，面试时只有一道十分简单的考题：一加一等于<u>几</u>？

(6) 地球有两处地方，昨天可以是今天，今天可以是明天，那地方是<u>哪</u>？

(7) 究竟人性的真相是<u>怎样</u>？

(8) 股份合作搞农建的办法究竟是<u>怎么样</u>？

(9) 这一切，迫使人们坐下来反思，这是<u>为什么</u>？

(10) 以上的假设，你们认为<u>怎么样</u>？

(11) 我给你画的像，你觉得<u>怎样</u>？

疑问代词"谁、什么、哪里/哪儿、多少、几"在句中经常作宾语，如例(1)-(5)。"哪"作宾语时有处所义，如例(6)。"怎样、怎么样、为什么"可以作判断动词"是"的宾语，如例(7)-(9)。此外，"怎样、怎么样"还可以作"听、看、认为、觉得"等感官动词或心理动词的宾语，如例(10)-(11)。

3.1.3.4 疑问代词作定语

疑问代词作定语的用例语料中都可查找到。例如：

(1) 这是<u>谁</u>的声音？

(2) 你生日是<u>什么</u>时候？

(3) 你刚才说的是<u>什么</u>地方？

(4) 她是<u>哪里</u>人？

(5) 他突然问我："你上<u>哪</u>所大学"？

(6) 公司有<u>多少</u>的销售量？

(7) 这次金融危机有<u>多少</u>(家)公司破产？

(8) 他们来了<u>几</u>个人？

(9) 这是<u>怎么</u>回事？

(10) 简简单单说，现在闹到<u>怎么</u>一个地步？

(11) 资金怎么解决？借还是自筹，<u>怎么</u>个借法？

(12) 会议结束后，记者："请问您现在是<u>怎样</u>一种心情？"

(13) 陆宝宝好奇地问："你们家杜拉拉,是<u>怎么样</u>一个人？"

(14) 发展的中国,正在面临<u>怎样</u>的生态压力？

(15) 身处包围圈,中国该作<u>怎么样</u>的选择？

"谁"作定语时后面常加结构助词"的",如例(1)。"什么"在句中常作定语,如果后面修饰的是与时间相关的名词就可以问时间,如例(2)中的"什么时候";如后面修饰的名词与处所相关就可以问处所,如例(3)中的"什么地方"。"哪里/哪儿"作定语时后面往往省略"的",如例(4)。作定语是"哪"的主要句法功能,并且常出现在"哪+量词(+名词)"的结构中,如例(5)。"多少"作定语时后面结构助词"的"可带可不带,如例(6)、(7)。"几"的句法功能主要是作定语,常与量词构成量词短语,表示后面名词的量,如例(8)。"怎么"充当定语时,一种情况是后加"数+量+名"结构,数词常用"一",有时可省略,量词常用"个、回",如例(9)-(10);另一种情况是后加"动词+…法"结构,一般数词可省略,如例(11)。"怎样、怎么样"可以作"数+量+名"结构的定语,如例(12)、(13);也可以后带"的"作名词的定语,如(14)、(15)。

3.1.3.5 作状语

常用作状语的疑问代词主要有"怎么、怎样、怎么样、为什么",其次是"哪里/哪儿","谁"和"什么"不能单独作状语。例如:

(1) <u>怎么</u>你也不说句话？

(2) 如果你遇到这种情况会<u>怎么</u>做？

(3) 可是，我怎样才能说服您呢？

(4) 怎么样看待金钱和享乐？

(5) 这么好的事情为什么不干呢？

(6) 她原先的那种雍容端庄、气度不凡的形象哪里去了？

(7) 现在在哪儿工作？

(8) 我确实抱有怀疑。有思想的人对什么不怀疑呢？

(9) 你的汉语说得这么好，是跟谁学的？

(10) 你什么时候退休？

　　"怎么"作状语时位置较灵活，可在主语前也可在主语后[2]，如例(1)、(2)。而"怎样、怎么样"作状语则只能位于主语后，如例(3)、(4)。"为什么"主要的句法功能就是作状语，如(5)。"哪里"和"哪儿"作状语时可以单用，也可以跟介词组成介宾短语后充当地点状语，如例(6)、(7)。"什么"和"谁"都不能单独作状语，只有跟介词组成介宾词组后才能充当状语，如例(8)、(9)；"什么"还可与表示时间的名词构成时间状语，如例(10)。

3.1.3.6 作补语

　　相较于其他句法功能，疑问代词作补语的情况则即为少见，语料中只有"怎样、怎么样"可在句中充当补语。例如：

---

2) 邵敬敏(1996)也认为："怎么"在疑问句中主要充当状语，如作谓语或定语则要受到一定条件的限制。"怎么"作状语可以有两个语法位置：一在句首，可记为："怎么+NP+VP？"；二在句中，可记为"NP+怎么+VP？"其中主语有时可以承上下文或语境而省略，因此也可以表示成"怎么+VP？"。

(1) 这些任务完成得<u>怎样</u>？

(2) 现在学得<u>怎么样</u>？

"怎样、怎么样" 作补语主要是用来询问人的情况或事情的性质、发展程度、结果等。在动词和补语 "怎样、怎么样" 之间 一般要有结构助词 "得"。

3.1.3.7 作独立成分

除上述六种成分外, 疑问代词在句中还可作独立成分。作独立成分时, 主要出现于会话中。如：

(1) "<u>谁</u>？你？"

(2) "<u>什么</u>？卖完了？"

(3) "<u>哪儿</u>？啊！看见了, 真奇怪！"

(4) "<u>哪里</u>？" 我没看见。

(5) "<u>多少</u>？" "八千余元。" "还在他的手里？" "是的, 他谎称已全部花光。"

(6) "<u>怎么</u>？" 这时他急着要走, 似乎有些不耐烦了。

(7) "<u>怎样</u>？" 老二希望哥哥回心转意。"<u>怎样</u>？" "<u>怎样</u>？" 老大又笑了一下, 而后冷不防地："你滚出去！滚！"

(8) "<u>怎么样</u>？" 看门人的儿子问。雅罗米尔没说什么, 但心里很高兴。这时他第一次看见自己的一首诗独立存在。

(9) "<u>为什么</u>？" 领事回答说,"如果护照没问题, 我是无权拒绝签证的。"

语料中极少见"几、哪"作独立成分的用例,"为什么"作独立成分的情况最为常见,其他几个疑问代词作独立成分时一般只能用于会话中,受语境的限制较大。

3.2 原型语义在韩国语中的对应形式

3.2.1 谁

3.2.1.1 疑问功能

疑问代词"谁"表示对人的询问。例如:

(1) 孙主任一看见我们就瞪大了眼睛说:"谁把你们放出来的?"

(2) 大妹子,这鞋是给谁做的啊?

(3) 朱菲忍不住问道:"这是谁的意思?"

"谁"表疑问时,主要在句中作主语、宾语和定语,如上例(1)-(3)。此外,"谁"既可以表示单数,也可以表示复数,这可从回答句中得知。例如:

(4) 谁把我的窗户打碎了?
   — 是他。
   — 是那几个人。

对例句(4)的回答,可以是单数,如:是他;也可以是复数,如：是那几个人。

3.2.1.2 在韩国语中的对应形式

"谁"表疑问时，主要对应韩国语中的指人疑问代名词 "누구"，当"谁"作主语时可对应"누구"的主格形式"누가"。如：

(1) 他是谁？
   그는 누구냐?

(2) 谁穿都漂亮。
   누가 입어도 예쁘다.

3.2.2 什么

3.2.2.1 疑问功能

疑问代词"什么"表示对事物的询问，可出现在主语、宾语、定语三个位置。根据不同对象，"什么"表询问的类型也不同。主要有以下几类：

(一) 询问具体事物

(1) 忽然他瞪大双眼，惊奇地望着正前方：那张长椅上放的是什么？

(2) 你还有什么问题？

例(1)中的"什么"是对具体事物的询问；例(2)"什么"放在

"问题"前，对问题的种类进行询问。

（二）询问抽象事物

（3）人生最大的幸福是<u>什么</u>？

（4）<u>什么</u>是规律？规律是事物之间的内在的必然联系市场经济？

例(3)中的"什么"是对事物，即"幸福"的含义表示疑问；例(4)的"什么"是对"规律"的概念进行提问。

（三）询问时间

"什么"和表示时间的名词组成名词词组后，可以用来询问时间，其中，"什么时候"的使用频率最高。例如：

（5）你<u>什么时候</u>去北京？

（6）她又问，"今天是<u>什么日子</u>？"

上述例句中的"什么"和时间名词结合后可以提问具体的时间，也可以提问大概的、模糊的时间。

（四）询问地点

"什么"与表处所的名词搭配后，可对地点进行询问，相当于"哪儿"或"哪里"。例如：

(7) 你喜欢去<u>什么地方</u>？

(8) "没听说过, 在<u>什么路</u>？"

(五) 询问人

在汉语中, 询问人时一般用疑问代词 "谁", 而 "什么+人" 也可以表示对人的疑问。例如：

(9) "动身日期定了就通知我, 我一定送你去。还有别的<u>什么人</u>送你吗？"

(10) 我们今后配备领导班子的时候, 要选用<u>什么人</u>呢？

(11) 看着 "杀气腾腾" 的陌生人, 经理心里直发虚 : "你们是<u>什么人</u>？"

(12) "请问, 你是她<u>什么人</u>？"

从上例我们可以看出, "什么人" 在对人表示询问时并不能完全等同于 "谁"。例(9)中的 "别的什么人" 可以替换为 "谁"。而 "什么人" 在例(10)-(12)中分别表示 "具有同种性质、特征的人"、"人的身份"、"人的关系", 用 "谁" 来替换都不够合适。

此外, "什么" 还可以询问人的职业、身份、称呼等。如 :

(13) 你是<u>做什么的</u>？

(14) 行了, 别来这一套了, 你<u>什么身份</u>？

(15) 你应该叫他<u>什么</u>？

例(13)问的是人的职业，例(14)是直接询问人的身份，例(15)问的是对人的称呼。

(六) 询问性质或状态

"什么"还可组成"什么样"、"什么样子"、"什么情况"等词组用以询问人或事物的性质、状态等。例如：

(16) 这到底是<u>什么样</u>的设备呢？

(17) "你希望数学老师是<u>什么样子</u>？"

(18) "所谓混乱是指<u>什么情况</u>？"

例(16)的"什么样"指的是"设备的性质、属性"，例(17)的"什么样"询问的是"数学老师的外貌、长相等"，例(18)"什么情况"是对"事物状态"的提问。

(七) 询问方式方法

"什么"后面也可接"方式、方法、途径"等名词，用来询问方式方法。如：

(19) 咱们用<u>什么方法</u>来探明真相呢？

(20) 基金会将采用<u>什么方式</u>支持教育？

(21) 消费者和经营者发生了消费权益争议，通过<u>什么途径</u>解决？

（八）询问原因、目的

"什么" 后面加上名词 "原因" 可以用来询问原因，有时相当于 "为什么"；还可以在前面加上介词 "为了" 来询问目的，如：

(22) 是<u>什么原因</u>使西瓜不长籽呢？

(23) 记者又问："你的条件这么艰苦，还这样不辞劳苦，<u>为了什么</u>？"

朱德熙曾在《语法讲义》中提到："什么" 充当定语直接修饰名词时是问事物的性质或种类，如果加上 "的" 再修饰名词就是问领属关系。并举如下例子：

(24) 这是<u>什么味儿</u>？(酸味儿还是苦味儿？)

(25) 这是<u>什么的味儿</u>？(是药本身的味儿，还是包装纸的味儿？)

我们认为 "什么" 加 "的" 修饰后面的名词时，表示说话者想要强调 "什么"，焦点集中在 "什么" 上，但用例极少。如：

(26) 仔细想来，我的敏感、不快、火气，究竟出于<u>什么的刺激</u>？

(27) "<u>什么的买卖</u>？"

3.2.2.2 在韩国语中的对应形式

"什么" 是现代汉语中使用范围最广、结合力最强、使用频率最高、用法最为丰富的疑问代词，在韩国语中的对应形式也是多种多样。"什么"表疑问时可以单用，也可以用于名词之前。

（一）单用的"什么"

"什么"单用表疑问时，主要对应韩国语用于询问事物的疑问代名词"무엇"。如：

(1) 你在找<u>什么</u>？
<u>무엇</u>을 찾고 계십니까?

当"什么"前面的动词所涉及的对象很清楚而没有必要指出时，汉语可直接用"什么"来代替"什么+N"；而对应于韩国语，有时会需要指出动词所涉及的对象，"什么"在此做定语，相当于疑问冠形词"무슨"或"어떤"。例如：

(2) 你想说<u>什么</u>？
<u>무슨</u> 말을 하고 싶은 거죠?

(3) 你想喝点儿<u>什么</u>？
<u>어떤</u> 음료를 좋아하십니까?

（二）用于名词之前的"什么"

"什么"后面可加各种名词，用于询问时间、处所、内容、性质等，"什么"在此做定语。例如：

1) 询问事物的内容、种类等

"什么"后面加上包含某些内容或具有某些类别的名词时可用于询问具体事物的内容、种类，"什么"在此主要对应于韩国语疑问冠形词"무슨，어떤"。例如：

    (4) 你找我有<u>什么</u>事？

        <u>무슨</u> 일로 저를 만나려 하시죠？

    (5) 你有<u>什么</u>爱好？

        <u>어떤</u> 취미를 가지고 계십니까？

"什么事"表示询问事情的具体内容，"什么爱好"主要用于询问事物的种类。韩国语疑问词"무슨，어떤"都可以用于询问事物的内容、种类，因此"什么"可与其对应。

2) 询问时间

"什么"后面加上"时候、时间"等表示时间的名词可用于询问时间，相当于韩国语表时间疑问词"언제"或"몇 시"。例如：

    (6) 你<u>什么</u>时间有空？

        <u>언제</u>가 좋으십니까？

    (7) 餐厅<u>什么</u>时候开？

        식당은 <u>몇</u> 시부터 엽니까？

例(6)中的"什么+时间"询问的是大概的时间，相当于"언제"；例(7)中的"什么+时候"询问的是具体时间，主要对应于"몇 시"。

3) 询问处所

"什么"后面加上处所名词可用于询问具体处所，主要可对应于韩国语的表处所疑问词"어디"或疑问词"어느"加名词"곳"。例如：

    (8) 你去<u>什么地方</u>？
        가는 데가 <u>어디</u>냐?

    (9) 去<u>什么地方</u>？
        <u>어느 곳</u>에 갑니까?

4) 询问人物

"什么"后面加上名词"人"时用于询问人物，相当于韩国语表人疑问词"누구"或"어떤 사람"。如：

    (10) 是从哪儿来的<u>什么人</u>？
         어디서 오신 <u>누구</u>십니까?

    (11) 他是<u>什么人</u>呢？
         그는 <u>어떤 사람</u>입니까?

5) 询问性质、状况

"什么样(子)"主要用于询问性质或状况，可对应于韩国语疑问副词"어떻게"或疑问冠形词"어떤"。

    (12) 她长<u>什么样</u>？
         그녀는 <u>어떻게</u> 생겼어?

(13) 教育将来会是<u>什么样子</u>呢？

　　　 장래의 교육은 <u>어떤 모습</u>일까?

　　例(12)中的"什么样"之前有动词，对应于韩国语时，"什么样"和动词的位置可互换，"什么样"相当于"어떻게"，做动词谓语的状语。例(13)中的"什么样(子)"主要对应于"어떤 모습"。

　　6) 询问原因、目的
　　"什么"后面经常加原因名词"原因、缘故、缘由"等来询问原因。"什么"在此主要对应于韩国语疑问冠形词"무슨"、"어떤"，有时也可对应于"어찌된"。

(14) <u>什么</u>缘故？

　　　 <u>무슨</u> 영문이냐?

(15) <u>什么</u>原因想见那个人啊？

　　　 <u>어떤</u> 이유로 그 사람을 만나려 하느냐?

(16) 这究竟是<u>什么</u>原因？

　　　 대체 <u>어찌된</u> 영문이냐?

　　例(14)中的"什么"对应于"무슨"，在"무슨"后面有原因名词"영문"；例(15)中的"什么"对应于"어떤"，在"어떤"后面有原因名词"이유"；例(16)中的"什么"对应于"어찌된"。

　　7) 询问意见
　　"什么"后面加上名词"意见"时还可以用于询问对方的意见、

看法等, 可对应于韩国语疑问形容词 "어떻다" 或疑问副词 "어떻게". 例如:

(17) 你有<u>什么</u>意见?
    당신 생각은 <u>어떻습니까</u>?

(18) 关于这个你有<u>什么</u>意见?
    <u>어떻게</u> 생각하십니까?

3.2.3 哪

3.2.3.1 疑问功能

疑问代词 "哪" 可以问人、问事物、问时间、问处所, 是一种带有选择性的疑问, 可以单独使用, 但更为常用的形式是后面加 "(数词)+量词+(名词)" 结构, 表示复数时可用 "哪些"。

(1) 问人 : "您想找<u>哪位</u>?" 他问道。

(2) 问物 : 但学校的危房多, 先修<u>哪个</u>?

(3) 问处所 : "我说, 郑老弟, 你在<u>哪个学校</u>读书?"

(4) 问时间 : 世界人口最多的是<u>哪天</u>?

以上都是 "哪+量词+(名词)" 来表示疑问的例句。例(1)-(4)分别询问人物、事物、处所、时间。此外, 哪还可单用表疑问。如:

(5) 公司的仓库在<u>哪</u>?

(6) "<u>哪</u>是鹿, <u>哪</u>是獐?"

(7) 在没有尺寸度量时，<u>哪</u>是尺长？<u>哪</u>是寸短？

例(5)中的"哪"在句中询问地点，相当于"哪里/哪儿"；例(6)中的"哪"后面省略量词"个"；例(7)中的"哪"询问长度。

3.2.3.2 在韩国语中的对应形式

"哪"常常后接(数)量词或名词，表示从一些人物、事物、场所、时间里面选择一个。如：

(1) 请问，您找<u>哪</u>一位？
　　<u>어느</u> 분과 통화하시겠습니까？

(2) 支持候选人中的<u>哪</u>一位？
　　후보자 중 <u>누구</u>를 지지하시오？

"哪"后接"(一)位"时主要用于询问人，相当于疑问冠形词"어느"，如例(1)；而"哪(一)位"有时也相当于疑问代名词"누구"，如例(2)。

(3) 您在从事<u>哪</u>一行业？
　　<u>무슨</u> 업종에 종사하고 계십니까？

(4) 你上的是<u>哪</u>一类学校？
　　<u>어떤</u> 학교에 다녔니？

(5) 您坐的<u>哪</u>班飞机？
　　<u>어느</u> 비행기로 왔습니까？

(6) 那么你父亲是干哪一行的？

　　그래서 너희 아버지 직업이 뭐였지?

　　"哪" 后面加上 "(一)+事物量词" 时，主要对应于疑问冠形词 "무슨，어떤，어느"，如例(3)、(5)；"哪+(一)+量词" 还可对应于疑问代名词 "뭐"，如例(6)。

　　"哪" 后面加上处所名词时，对应于韩国语表处所疑问代名词 "어디"。如：

(7) 你在哪站下车？

　　어디서 내리십니까?

　　当 "哪" 后面是 "年、月、日、天" 等时间名词时，"哪" 相当于 "어느"，而 "哪+时间名词" 则可对应于韩国语表时间疑问代名词 "언제"。例如：

(8) 哪天来？

　　어느 날에 오겠소?

(9) 你是哪年生的？

　　언제 태어나셨어요?

　　此外，"哪" 还可以单独使用，相当于疑问代名词 "어디" 或 "무엇"。例如：

(10) 哪能买到韩国历史的书？

　　어디서 한국 역사책을 살 수 있습니까?

(11) 什么叫吃亏, <u>哪</u>叫上算, 全都谈不到。

무엇이 손해이고 <u>무엇</u>이 수지가 맞는다고 모두 말할 수 없다.

3.2.4 哪里、哪儿

3.2.4.1 疑问功能

"哪里、哪儿"表疑问时语义基本相同, 都是对具体或抽象的处所、地点、位置等进行提问, 只是"哪儿"更常用于口语。例如:

(一) 询问具体的处所、位置

(1) 到底是<u>哪里</u>的风气更好一些呢?

(2) 一天, 父亲终于忍不住心疼地问道: "小凤, 你怎么了, <u>哪儿</u>不舒服?

(3) 这么多的书都放在<u>哪儿</u>?

例句(1)询问的是处所; 例(2)询问的是位置, 指身体的部位; 例(3)询问的可以是处所也可以是位置, 三个例句都是对具体的处所、位置等进行提问。

(二) 询问抽象的处所

(4) 从<u>哪儿</u>冒出这个古怪念头?

(5) 被取消的进口补贴资金用在<u>哪里</u>?

(6) 那些成堆的诗人又把精力用到<u>哪里</u>?

以上三个例句询问的都是抽象的处所，如例(4)的"哪儿"指的是"古怪念头的来源"；例(5)-(6)的"哪里"指代的是"哪个/些方面"。

3.2.4.2 在韩国语中的对应形式

"哪里、哪儿"是询问处所的疑问代词，表疑问时，主要对应于韩国语表示处所的疑问代名词 "어디" 或疑问冠形词加名词的形式 "어느 곳"。如：

(1) 您想去哪儿？
　　 어디로 가실 겁니까?

(2) 您从哪里来？
　　 당신은 어느 곳에서 왔습니까?

3.2.5 几、多少

3.2.5.1 疑问功能

"几、多少"表疑问时都是用来询问数目、数量的，只是用"几"来询问的数目一般不超过十，而用"多少"来询问时则没有此限。例如：

(1) 书生问："你有多少钱？"

(2) 半个世纪过去了，我们大众的欣赏心态变化了多少？

(3) 环境保护战略将分成几个阶段？

(4) "今天星期<u>几</u>？" 她问道，没有睁开眼睛。

"多少" 和 "几" 表疑问时，后面可以加名词或量词，如例(1)、(3)，也可什么都不加，如例(2)、(4)。

3.2.5.2 在韩国语中的对应形式

（一）几

疑问代词 "几" 用于询问数目、数量，一般所问的数不超过十，因此主要对应于韩国语询问数量的疑问数词 "몇"。如：

(1) 一共有<u>几</u>个人？
모두 몇 명 있습니까?

当所询问的数超过十的时候，可以用疑问数词 "얼마"。如：

(2) 6 乘 9 得<u>几</u>？
6 에 9 를 곱하면 얼마입니까?

汉语的 "星期几" 在韩国语中用 "什么曜日" 来表达，因此 "星期几" 中的 "几" 不能对应 "몇"，"星期几" 可整体对应韩国语的 "무슨 요일"。例如：

(3) 今天是<u>星期几</u>？
오늘이 <u>무슨 요일</u>이니?

（二）**多少**

疑问代词"多少"表疑问时，主要用于询问数量，但与"几"所不同的是，它对所疑问的数量没有限制。

"多少"在询问费用时，可对应于韩国语表数量的疑问数词"얼마"。例如：

(1) 早餐多少钱？
   아침식사는 얼마입니까?

当"多少"所询问的数目要求具体回答时，相当于"几"。如：

(2) 账号是多少？
   계좌번호가 몇 번입니까?

在"动词+多少"结构中，"多少"往往对应于"얼마나"。例如：

(3) 您要买多少？
   얼마나 드릴까요?

当"多少"所询问的数量带有"达到某种程度"之意时，对应于"어느 정도"或"얼마 정도"。如：

(4) 你的收藏品有多少？
   수집품이 어느 정도인데요?
(5) 你打算花多少钱？

얼마 정도를 생각하고 계신지요?

当"多少"用于询问人的身高、体重、年龄、收入或温度、比分、号码等经常变化的量时，常用"어떻게 되다"或"얼마나 되다"来对应。例如：

(6) 身高/体重/高寿多少？
신장이/체중이/연세는 어떻게 되십니까?

(7) 您年薪多少？
당신의 연급은 얼마나 되십니까?

3.2.6 怎么

3.2.6.1 疑问功能

"怎么"是现代汉语常用疑问代词之一，语义丰富，可以对方式、原因、状况、性质等进行询问。

(一) 询问方式

(1) 接着，他追问了一句："你打算怎么写？"

(2) 有些朋友问我："你的小品文，涉及的方面很广泛，这是怎么来的？"

"怎么"对方式进行询问时，可用于"是 … 的"句式中，表示对某种情况或行为的确认，如例(2)。

（二）询问原因

(3)"爸爸，你<u>怎么</u>不回家啊？"可可突然问道。

(4)"福慧，你<u>怎么</u>哭了？我很快就回来了，我也有话跟你讲。"

(5)李小武有些惊奇问："<u>怎么</u>你们两个也来了？"

吕叔湘(1982)指出："'怎么'本来就是'做什么'的合音，当然可以用来问原因。"例(3)中的"怎么"用于否定句，例(4)中的"怎么"后加动词"哭"，都用于询问原因，相当于"为什么"。但"为什么"表询问时语义较为单一，只是单纯地想知道原因、目的；而"怎么"用于询问原因时，常含有意外、诧异、奇怪之意。此外，"怎么"用于询问原因时还可以位于句首，如例(5)。

"怎么"询问方式和原因时都是在句中作状语，但位置却有所不同。询问方式时，"怎么"只能用于动词前，如例(1)、(2)；询问原因时，既可位于动词前，也可位于主语前，如例(3)、(4)和例(5)。当"怎么"后面有否定词时，只能询问原因，不能询问方式，如例(3)。

（三）询问状况

"怎么"用于询问状况时，其后常加"了、啦"等语气词。如：

(6)这个响当当的名牌到底<u>怎么了</u>？

(7)"三姐，你<u>怎么啦</u>？"亚梅轻轻替三姐拭去额上的冷汗，焦虑地问道。

(四) 询问性质

"怎么" 询问事物的性质时，常以 "怎么+(一)+量词+名词" 或 "怎么+个+动词+法" 的形式出现。例如：

(8) 这二者之间的关系又究竟是<u>怎么一回事</u>？

(9) "这话是<u>怎么个说法</u>？"

"怎么" 询问状况时，主要在句中作谓语，而询问性质时常作定语。

(五) 询问结果

"怎么" 还可以后面加上人称代词或作 "把" 字句中的谓语，用于询问处置的结果，但用例不多。如：

(10) 小菊，你<u>怎么</u>她了？

(11) 他一把抓住宏达的衣领，一叠连声地问："她把乐梅<u>怎么</u>了？她打了她？骂了她？伤害了她？是不是？是不是？"

(六) 询问意见、看法

"怎么" 后面加上 "看、想、认为" 等动词，可用于询问意见、看法等。如：

(12) 你对这个问题<u>怎么看</u>？

(13) 傅红雪道："你若是我，你会<u>怎么</u>想？"

3.2.6.2 在韩国语中的对应形式

（一）询问方式的 "怎么"

"怎么" 用于询问方式时在句中做状语，其在句中的位置可记为："(NP)+怎么+VP"，此时它在韩国语中的对应形式为 "어떻게"。如：

(1) 我该<u>怎么</u>说明？

<u>어떻게</u> 설명해야 좋을까요?

（二）询问原因的 "怎么"

"怎么" 询问原因可以有两种位置。一种是 "NP+怎么+VP"，一种是 "怎么+NP+VP"，即一种位于主语后，动词前；另一种位于句首。"怎么" 用于询问原因时，常含有意外、诧异之意，肯定句中主要相当于韩国语的 "왜，어떻게"，否定句中主要对应于 "왜，어째서"。如：

(2) 你<u>怎么</u>迟到了？

<u>왜</u> 이렇게 늦으셨어요?

(3) 呦！<u>怎么</u>你也来了？

어! <u>어떻게</u> 너도 왔느냐?

(4) 你<u>怎么</u>不去？

너는 <u>어째서</u> 가지 않느냐?

(5) 咦，我的手套<u>怎么</u>不见了？

어, 내 장갑이 <u>왜</u> 안 보이지?

(三) 询问状况的 "怎么"

"怎么" 用于询问状况时可用于询问人的身体状况，也可用于询问事情的发生、发展状况，主要在句中做谓语，后面常加 "了" 或 "啦" 等语气词。主要对应于韩国语的 "어찌/어떻게 된 것/일이다"、"무슨 일 있다"、"무슨/웬 일이다" 等。例如：

(6) 你的指头冷冰冰，是<u>怎么了</u>？

너의 손가락이 얼음같이 차가운데, <u>어찌 된 것</u>이냐?

(7) 你<u>怎么了</u>，饭也不吃

너는 <u>어떻게 된 일</u>이냐, 밥도 먹지 않고? / <u>웬 일</u>이냐, 밥도 먹지 않고?

(8) 你<u>怎么了</u>？

<u>무슨 일 있</u>으세요?

(四) 询问性质的 "怎么"

用于询问性质时，"怎么" 主要在句中做定语。通常有两种形式，一种是 "怎么+(一)回事"，一种是 "怎么+(一)+量词+名词"，此处的 "名词" 可以是 "人、书" 等一般名词，而更为常见的是 "动词+法" 构成的名词，如 "用法、做法、种法、织法" 等。

(9) 究竟是<u>怎么</u>回事？

　　도대체 <u>어찌 된/어떻게 된/어쩐</u> 일인가?

(10) 啊，<u>怎么</u>回事啊？

　　어, <u>무슨</u> 일이냐?

　　"怎么" 用于 "怎么+(一)回事" 结构询问性质时，相当于韩国语的 "무슨" 等疑问冠形词或 "어쩐, 어찌 된, 어떻게 된" 等形式。

　　当 "怎么+(一)+量词+名词" 结构中的名词是 "动词+法" 构成的名词时，"怎么" 相当于 "어떻게"，表示动词所发生动作的方式方法。如：

(11) 这个字<u>怎么</u>个念法？

　　이 글지는 <u>어떻게</u> 읽는가？

　　在 "怎么+(一)+量词+名词" 结构中的名词是其他名词时，"怎么" 主要对应于 "어떤"。例如：

(12) 他是<u>怎么</u>个人？

　　그는 <u>어떤</u> 사람이냐？

(五) 询问结果的 "怎么"

　　"怎么" 表示的结果，一般是用于 "把" 字句表示处置的结果，"怎么" 在此做谓语，处置的结果一般为 "人"。询问结果的 "怎么" 主要对应于 "어떻게 하다"。

(13) 他把你怎么了？

　　그가 너를 <u>어떻게</u> 했어요?

（六）询问看法、想法的"怎么"

"怎么"后面加上"看、想、认为"等动词时表示询问看法、想法，相当于韩国语的"어떻게"。如：

(14) 你对这件事怎么看/想？

　　너는 이 일에 대해 <u>어떻게</u> 생각하느냐?

3.2.7 怎样、怎么样

3.2.7.1 疑问功能

"怎样、怎么样"可用来询问方式、性质、状态、原因等。

（一）询问方式

"怎样、怎么样"可用于询问方式，在句中作状语，相当于"怎么"。例如：

(1) "您的广告是怎样写的？"商人问。

(2) 他本人是怎么样做、怎么样想的呢？

询问方式时，"怎样"与"怎么样"区别不大，只是"怎样"比

"怎么样"更为常用

（二）询问状况

"怎样、怎么样"在句中作谓语时，可用于询问状况。例如：

(3) 我国石化工业的现状怎样？

(4) 在宏观调控两年后的今天，海口怎样了？

(5) 最近怎么样啊？

"怎样、怎么样"作谓语时可直接位于句末，如例(3)；也可在后面加上语气词"了、啦、啊"等，如例(4)、(5)。

"怎样、怎么样"作补语时，也可用于询问状况，并且同作谓语的情况一样，可直接位于句末，也可以在后面加上语气词"了、啦、啊"等。例如：

(6) 时间已过去十多天，会议确定的一些事情究竟落实得怎样？

(7) 地震灾区的救灾和灾民安置进展得怎样了？

(8) 那件事办得怎么样啦？

用于询问状况时，"怎样"、"怎么样"都可位于句末，也都可在后面加上语气词"了、啦、啊"，其中，"怎么样"与语气词同现的用例更为多见。

(二) 询问性质

"怎样、怎么样"用于询问性质时，主要在句中作定语。常以如下两种结构出现。

1) 怎样/怎么样+(的)+数词+量词+名词

(9) 他究竟是<u>怎么样一个人</u>？

(10) 请问您现在是<u>怎样一种心情</u>？

(11) 他们走过了<u>怎样的一段人生经历</u>呢？

以上三个例句都是"怎样、怎么样"在"数量名"结构前作定语询问性质的情况。

2) (数词+量词)+怎样/怎么样+的+名词

(12) 它将产生<u>怎样的影响</u>？

(13) 说笑过了，古应春问道："你要替我找个<u>怎么样的朋友</u>？"

(14) 海实是<u>一个怎样的公司</u>呢？

(15) 当劳累一天的人们回到家望着零乱的周围环境时，会产生<u>一种怎样的心态</u>呢？

(16) 第三世界国家究竟该走<u>一条怎么样的道路</u>？

例(12)、(13)是"怎样、怎么样"后加"的"用于询问性质的用例；例(14)-(16)是"怎样、怎么样"前加"数量"结构，后接"的"在句中作定语用于询问性质的情况。

(四) 询问结果

"怎样、怎么样"还可以作"把"字句中的谓语，询问的是一种处置的结果，但用例不多。例如：

(17) "人家只是打破了你的头，可你把人家怎样了？"雨杭大声问。

(18) 陈一平上前一把抓住他，咆哮着："幼幼呢？说，你们把她怎么样了？"

(五) 询问意见、看法

"怎样、怎么样"可用于句末，询问对方的意见、看法、想法等。如：

(19) 王羲之看到这情形，很同情那老婆婆，就上前跟她说："你这竹扇上没画没字，当然卖不出去。我给你题上字，怎么样？"

(20) "事到如今，你如果能改变主意，做元朝的臣子，我仍旧让你当丞相怎么样？"

(21) 所以呀，我不但自己要调走，还要劝说别的年富力强的老师都挪动挪动，你看怎么样？

(22) 现在，我们一起来消灭这种不平均的现象，你们说怎么样？

(23) "这就是我的心得，你觉得怎么样？"

(24) "告诉我，你认为怎样？"

(25) "你觉得那姑娘汉语说得怎样？"两个姑娘走后，堂哥笑着问我。

(26) 我想做一套西服，你看用这种料子做怎么样？

例(19)、(20)在"怎么样"之前有一个完整的句子，有时句子与"怎么样"之间可用逗号隔开。例(21)-(24)中的"怎么样"之前都有"你(们)/您看、你(们)/您说、你(们)/您觉得、你(们)/您认为"等表示主观看法或评价的插入语。有时，"觉得、看"等词还可以做整个句子的谓语动词，"怎样、怎么样"在句末与其呼应，用于询问意见、看法等，如例(25)、(26)。

此外，"怎样、怎么样"还可以位于"意见、感觉、看法"等名词之后，对主语的"意见、看法、想法"等进行询问。例如：

(27) 我考虑开发这个产品，大家意见怎么样？

(28) 我们问曲珍："您来到这个汉族聚居的地方感觉怎样？"

(29) 王少华皱起眉头问道："你的看法怎么样？"

3.2.7.2 在韩国语中的对应形式

(一) 询问方式的"怎样、怎么样"

"怎样、怎么样"用于询问方式时，在句中做状语，相当于"怎么"，可对应于韩国语疑问副词"어떻게"。例如：

(1) 怎样才能联系上你呢？

어떻게 하면 당신과 연락이 됩니까？

(2) 怎么样才能知道面试的结果呢？

면접결과를 어떻게 알 수 있을까요？

询问方式时，"怎样"与"怎么样"基本无区别，只是"怎样"比"怎么样"更为常用。可见，"怎样"比"怎么样"更常用于询问方式。

(二) 询问状况、结果的"怎样、怎么样"

"怎样、怎么样"主要用于询问状况、结果，可在句中做谓语。例如：

(3) 今天的天气怎么样？

(4) 比赛结果怎样？
그 경기 결과가 어떻게 됐습니까?

"怎样、怎么样"位于句末时，主要询问状况，相当于韩国语疑问词"어떻다"，如例(3)；当"怎样、怎么样"前面是名词"结果"或后面有"了、啦"等语气词时，主要询问的是结果，可对应于"어떻게 되다"，如例(4)。

"怎样、怎么样"询问状况、结果时，还可作情态补语。而且跟作谓语的情况相同，作情态补语时既可直接位于句末，也可后加语气词。位于句末时主要对应疑问副词"어떻게"，后加语气词时主要对应"어떻게 되다"。如：

(5) 你过得怎么样？
어떻게 지내셨어요?

(6) 你的论文写得怎样了？
당신의 논문은 어떻게 잘되어 가고 있니？

(三) 询问性质的 "怎样、怎么样"

"怎样、怎么样" 用于询问性质时，在句中作定语，可对应韩国语疑问冠形词 "어떤"。

(7) 这是以怎样的构思创作的作品？

이것은 어떤 이미지를 그린 작품입니까?

(四) 询问意见、看法的 "怎样、怎么样"

"怎样、怎么样" 可用于句末，用以询问对方的意见、看法、想法等。当 "怎样、怎么样" 之前有 "你说、你觉得、你认为" 或 "看法、意见" 等词语时，"怎样、怎么样" 主要对应于 "어떻게"，后面的动词往往为 "생각하다"。例如：

(8) 你说怎么样？

너는 어떻게 생각하느냐?

如果 "怎样、怎么样" 的前面是一个完整的句子时，主要表达的是说话者提出某种建议，以求对方确认，"怎样、怎么样" 在此相当于 "어떻다" 或表示建议、征求对方意见的词尾 "-ㄹ/을까, -ㄹ/을래, -겠-" 等。例如：

(9) 去剧院看看怎么样?

언제 연극 한번 보러 가는 게 어때요?

(10) 天气这么好，我们去打篮球怎么样？
    날씨도 좋은데 농구 하러 갈까요?

(11) 今天去游泳怎么样？
    오늘 수영하러 가실래요?

(12) 带你的妹妹一起来怎么样？
    동생도 함께 오시겠어요?

3.2.8 为什么

3.2.8.1 疑问功能

"疑问"是"为什么"的主要功能，可用于询问原因、目的。如：

(1) 为什么会出现这种局面呢？

(2) 我们问他，这是为什么？

3.2.8.2 在韩国语中的对应形式

"为什么"是用于询问原因、理由的疑问代词，表疑问时可对应于韩国语"왜，무엇 때문에，어째서"等。例如：

(1) 为什么给我打电话？
    나한테 왜 전화했지요?

(2) 为什么他不来开会？
    무엇 때문에 그가 회의에 나오지 않지?

3.3 小结

汉语疑问代词的原型语义为[+疑问]、[+指代]，即可用于询问指代人物、事物、时间、处所、方式、性质、状态、原因等。疑问代词语义信息量丰富，有时同一个疑问代词可以有多种不同的疑问功能。 如"什么"可单用询问事物，也可后加名词性成分用以询问时间、地点、人物、方式、方法、性质、状态、原因等；"怎么"可以询问方式、 原因、状况、性质、结果等。疑问代词构成疑问句时的词序和陈述句一样，都在它所指代的那个词的位置上，句后一般不需加疑问语气词，要加也只能加"呢"，不能加"吗"。汉语强调疑问焦点时，可在疑问代词前加用焦点标记词"是"。

汉语不是通过形式或形态来表示语言成分间的关系，而是在更大程度上通过语序让语义本身来体现这种关系。从理论上来说，一种语言的组织，总有一种规律在起基本作用，在汉语中，起基本作用的是语序。疑问代词在句中的语序不同、位置不同，其所担当的句法成分也不同。汉语大多数疑问代词在句中可独立充当主语、宾语、定语、状语，只是做谓语和补语时较受限制。

世界所有语言都有表疑问的一类词[3]，韩国语也不例外，韩国语疑问词的基本功能也是表疑问，因此，汉语疑问代词的原型语义基本可对应于韩国语具有相同指代功能的疑问词。如问人物的"谁"基本可对应"누구"，单用问事物的"什么"基本对应"무엇(뭐)"，问处所的"哪里、哪儿"基本对应"어디"，问数量的"几"、"多少"基本对应"몇"、"얼마"，问方式的"怎么"基本对应"어떻

---

3) Ultan(1978:211-248)对世界上79种语言调查发现其具有普遍性的特征是都有疑问表达方式。

게", 问原因的 "为什么" 基本对应 "왜" 等。

　　但韩国语疑问词不像汉语疑问代词属于代词的一个下位小类, 韩国语疑问词指的是疑问代名词、疑问数词、疑问动词、疑问形容词、疑问冠形词、疑问副词等表疑问的一类词的统称, 其词性清晰、形态标志明显、分工较为明确。如 "어느, 무슨, 어떤" 三个词属于冠形词, 冠形词的主要功能是做定语来修饰后面的名词性成分, 所以在 "什么+名词"、"哪+一量名"、"怎样/怎么样+数量"、"怎样/怎么样+的+名词" 等结构中的疑问代词往往对应于 "어느, 무슨, 어떤" 等。

第四章

疑问代词的次边缘语义

及其韩国语对应形式

当疑问代词的语义特征表现为[-疑问]、[+指代]时，原型语义扩展至次边缘语义。此时，疑问代词不表疑问，但却具有指代功能。对疑问代词指代功能的分类，历来就是分类标准不一，类别多寡不同。这主要由汉语代词的特殊性所致，因为代词不是按句法功能分出来的类，只是因为有"代"这一共同特征才自成一类；而作为它的下位小类，疑问代词又增加了"疑问"这一语用功能，句法和语用不同层面的概念叠加，使其显得更为错综复杂。

本书我们将根据疑问代词所指代的内容，着眼于句子结构所表现的语法意义，将疑问代词的次边缘语义分为：虚指、任指、互指、呼应指、例指和借指。以下将对不同语义逐个进行说明，并在此基础上考察其在韩国语中的对应形式。

4.1 虚指及其对应形式

4.1.1 虚指

对于疑问代词虚指用法的界定，学界主要有以下几种观点：

吕叔湘(1942, 1982:182)把"表不知的"称为"虚指"，认为虚指指称词能使用于是非问句中。

王力(1943, 1985:230)认为，近代疑问代词已不再局限于表示疑问或反诘，只等同于一种特别的人称代词或指示代词。疑问代词的特别用途之一是"代替说不出的事物"，这"代替说不出的事物"指的就是疑问代词的虚指。

丁声树等(1961:166)指出虚指"有各种情形，或是不知道，或是想不起、说不上，或是不必明说。'谁'字表虚指，表示不知道或者说不出姓名的人。'什么'虚指，表示不知道或者说不出来的事物 …"。

汤廷池(1981)称虚指为"表示不特定的人、事物、方式、性状、状况、程度、数量等等"。所谓不特定，包括不知道、不能肯定、以及虽然知道但是无须或无法说出来。

朱德熙(1982:93)认为虚指是"用来指称不知道或者说不出来的人、事物、处所、时间等"。

刘月华(2004:105)等将"虚指"表述为"不知道或说不出来或无须指明的人或事物"。

邢福义(2002:113)认为虚指是用来"指代说不出来的若有若无、若实若虚的事物"。

齐沪扬(2007)中提到："疑问代词成对使用，或与指示代词连用 … 不指代确定事物的则为虚指。"

马庆株(2010)也认为虚指用法是指"不确定的人或事物"。

黄伯荣、廖序东(2011)认为，疑问代词的虚指是指代不能肯定的人或事物，包括说不出、不知道或不想说出的。

郝帅(2017)认为，疑问代词的虚指用法可以解释为表示说不出或不确定的人、事物、时间、地点等，用来指代不愿或不用具体说明的对象。

可见，前人对汉语疑问代词"虚指"的认识大都集中在"不知"、"不定"这两种语义上。由此，我们可以认为，表虚指的疑问代词，在语义上表示"无定"，即指代不确定、不肯定的人或事物，有时是不知道、想不起、说不出的，有时则是不愿说出或不必明说的。

在意义上通常可以将其理解为"某……"，如：谁—某人、什么—某物、哪儿—某个地方；或可以理解为"一些……"，如几分钟——一些时间等。疑问代词表虚指，主要出现于以下一些句式或结构中。

4.1.1.1 非特指问句

疑问代词表疑问时所形成的疑问句是特指疑问句，除此以外的疑问句，如"是非问句"、"选择问句"、"正反问句"，我们称之为"非特指问句"。是非问句可以是陈述句后用声调，也可以兼用语气词"吗"或"啊(哇、呀、哪)、啦"、"吧"。选择问句一般是提出两种或两种以上情况，让听话人从中选择一种作为回答，多由前后两个或多个分句组成，前后分句经常用"是"或"还是"相呼应，有时，也可后加语气词"呢"或"啊"。"正反"指事情的正面和反面，或肯定和否定。"正反问"即用谓语肯定和否定叠合的形式进行提问，让听者选择一项来回答。正反问一般不用疑问语气词，如用可用"啊"。疑问代词可用于是非问句、选择问句和正反问句表虚指。

（一）是非问句

我们首先来看疑问代词在是非问句中表虚指的情况。例如：

(1) 你能用英语跟休斯顿人说些<u>什么</u>吗？

(2) "你怕<u>谁</u>吗？"一个孩子问。

(3) 你<u>哪儿</u>不舒服吗？

(4) "你以前<u>在哪里</u>干过吗？"他问道。

(5) 他对这几个女人都很喜欢，可是他曾经爱上<u>哪</u>一个吗？

(6) 她问我："你想来住<u>几天</u>吗？"

通过对语料的检索可知，能用于是非问句表虚指的疑问代词主要为"什么、谁、哪、哪儿、哪里、几、多少"七个疑问代词。这七个疑问代词在是非问句中表虚指时表示说话者对所问的内容完全不确定，如上例(1)中的"什么"可以表示"某些话"，(2)中的"谁"指的是"某个人"，例(3)中"哪儿"的意思是"某个身体部位"，其他的可以以此类推。

(二) 选择问句

疑问代词在选择问句中也可以表虚指。如：

(7) 你<u>是</u>他的亲戚<u>还是什么</u>人？

(8) 半夜四点，你居然把我弄醒！你<u>是</u>疯了，<u>还是哪儿</u>着火了！

(9) 他歉疚地看看她的脚踝，不安地问："很疼吗？<u>是</u>扭伤了<u>还是怎么了</u>？"

(10) 梅里说："这是收成不好，<u>还是怎么样</u>？"

(11) 不知道她<u>是</u>病了<u>还是为什么</u>？

疑问代词用于选择问句表虚指时，虚指的内容一般要有一定范围的限制，如上例(7) "你是他的亲戚还是什么人？" 中选择的前项是 "亲戚"，那选择的后项 "什么人" 应该表示与他有关系的人，如 "朋友"、"同事"、"同学" 等；同样，例(9) "是扭伤了还是怎么了？" 前一选项是 "扭伤"，那后面的 "怎么" 表示的应该是与受伤的方式有关系，可以是 "碰伤"、"摔伤" 也可以是 "擦伤" 等。

"多少、几" 未见能用于选择问句表虚指的用例。

(三) 正反问句

除是非问句与选择问句以外，语料库中也发现不少疑问代词用于正反问句表虚指的用例。例如：

(12) 世界上<u>有没有哪个</u>法官会因为根纳罗所做的事情而对他定罪？

(13) 你到了三英里湾以后，<u>有没有上哪儿</u>吃过东西？

(14) <u>有没有哪里</u>摔痛？

(15) 你们平时<u>有没有</u>发现过什么问题？

(16) <u>是不是谁</u>欠了你的债？

(17) 硬要大家也拿同样的甚至更多的赞助费，<u>是不是多少</u>有点变相摊派味道？

(18) 它怎么会把这么长的脖子立起来，<u>会不会</u>把脖子折断了或者<u>怎么</u>？

疑问代词在正反问句中所表示的虚指义与是非问句类似，是完全不确定的内容，如例(14)中的 "哪里" 指的是 "什么地方"，例

(15)中的"什么"指的是"某种",例(17)中的"多少"指代不确定的量,表示"或多或少"。

4.1.1.2 否定陈述句

疑问代词可用于否定陈述句表虚指,主要形成"否定词+疑问代词"结构,否定词为"不"和"没(有)"。

(一) 不+疑问代词

(1) 因为彗星的密度很小,即使它和地球相撞也<u>不</u>会有<u>什么</u>危险。

(2) 读一篇千把字或者几千字的散文,毕竟花<u>不</u>了<u>多少</u>时间。

(3) "会很快查出作案者的,他跑<u>不到哪儿</u>去。"

(4) 要去就去一个效益<u>不怎么样</u>的企业,为自己寻找一个逆境,只有这样才能体现出人的价值。

(5) 学生时期,他<u>不怎么</u>专心学习,总琢磨一些莫名其妙的事情,可每每考试成绩却十分惊人。

例(1)的"什么"不是修饰后面的"危险",而是表示一种不确定,"不会有什么危险"比"不会有危险"的语气稍显委婉、缓和、不定;例(2)中的"多少"代表了一种不确定的数量,"花不了多少"实际隐含数量少的意思;例(3)"跑不到哪儿去""他不会跑很远、跑不到什么地方";(4)"不"加上"怎么样"指代程度,表示程度不高;例(5)中的"不+怎么"有种缓和否定的作用,其中的"怎么"表示一定程度,比"很"略轻,作用在于减轻"不"的力量。

"不+疑问代词"表虚指,还有一种较为特殊的结构是"不+知(道)+疑问代词"。"不知(道)"一词的使用,加强了句子的不确定性,所以"不知(道)+疑问代词"可看作是疑问代词虚指功能的句法标记。例如:

(6) <u>不知道谁</u>把这谱子放在钢琴上了,它本来没有放在这里。

(7) <u>不知哪位</u>旅客将车窗玻璃砸碎,顿时旅客蜂拥而至。

(8) 其实是挺幽默的一句话,可我听了<u>不知怎么</u>鼻子一酸,差点留下了眼泪。

(9) 我紧张得<u>不知怎样</u>回答。

(10) 他实在<u>不知道应该怎么样</u>应付这种局面,因为他从来也没有遇到过这种事。

(11) <u>不知</u>流了<u>多少</u>泪。

吕叔湘(1985:329)认为,"怎么"前有时加"不知道"或"不知"表示虚指,这个"不知"只管着"怎么"这个词,并不管到整个下半句,所以不是间接问句。我们也认为,此处的"不知(道)+疑问代词"与间接疑问句不同,"不知(道)"只是跟后面的疑问代词有关系。例句(6)、(7)中的"谁"、"哪位"表示说不出的人,可以说是"什么人";例(8)中的"怎么"替代说不出的原因;例(9)-(10)中的"怎样、怎么样"指的是不确定的方式;(11)中的"多少"表示的是"不确定的数量",在"不知(道)+多少"结构中的"多少"一般表示比较多的量。

(二) 没(有) +疑问代词

疑问代词前面加上 "没(有)" 也同样可以表示虚指。如：

(12) 禾见我心事重重的样子，不放心地继续问，"你没什么问题吧？"

(13) 我前一段去内蒙草地里买了一匹马，回来这几天也没到哪里去。

(14) 没有哪一个国家可以说自己做得已经很好，欧美国家也一样。

(15) 在这芸芸众生中，是没有多少人具有这种勇气的。

(16) 她没怎么吃，只是抽着烟隔桌凝视我。

(17) 佛罗多并没有好到哪里去，他全身剧烈颤抖。

例(12) "什么" 指代不确定的事物，表示 "某些"；例(13)中的 "哪里" 指代的是不具体、不确定的处所；例(14)的 "哪" 指代的是不确定的国家；例(15)的 "多少" 表示不确定的数量，前面再加上 "没有"，指代的是较少的数量；例(16) "没+怎么" 表示程度不深，"怎么" 在此减弱否定的程度；例(17) "哪里" 表示的是一种程度的引申义，可以说是 "某种程度"。"也/并/依旧+没有+形容词+到哪儿/哪里去" 和 "也+形容词+不+到哪儿/哪里去" 两种结构中的 "哪儿、哪里" 表示的都是 "某种程度"。再如：

(18) 其实，多也多不到哪里去，有时候只多了巴掌大的一点。

(19) 可是物质文明很低，精神文明也高不到哪儿去。

(20) 相对论以后，事情终于变得好一点，也没有好到哪儿去。

(21) 您比别人也没突出到哪儿去。

4.1.1.3 肯定陈述句

疑问代词用于肯定陈述句表虚指时，常与某些连词或副词同现。

(一)连词+疑问代词

汉语连词是虚词的一种，可用来连接两个词、词组或分句，表示前后两个语法单位之间的关系或一定的语法意义。其中，假设关系连词表示说话人的一种假设或愿望，带有揣测或不肯定的语气，疑问代词与其同现可表虚指。例如：

(22) 假如有什么事情处理不当、意见不同，可以坐下来商量，照正确的方向去做。

(23) 我们同学中要是有谁看这种书，是很被瞧不起的。

(24) 如果哪儿说得不对，请大家告诉我，有的我不一定接受，但是我一定很好地去思考。

(25) 你要是多少熟悉办公室的工作的话，也许这里就用得着你了。

(26) 尤金决定上各家晚报馆去试一下，因为他知道，假如他在哪一家里找到工作，他还可以继续来上晚班。

与疑问代词同现的假设关系连词主要为"假如、要是、如果"，疑问代词与其同现时，不表疑问，而表示某种虚指、不确定。如例(22)的"什么"不是询问事物而是虚指某种不确定不肯定的事情；例(23)的"谁"是假设同学中的某一个或某几个人；例(24)的"哪儿"不表地点，而是指"我"说的某些话；例(25)的"多少"不指具体的数量，而是虚指数量少；例(26)中的"哪"指代某一家晚报馆。

疑问代词"怎么、怎样、怎么样"的相关用例较少。

(二) 副词+疑问代词

副词主要用于动词、形容词或整个句子之前，对其进行修饰限定，并说明动作行为或性质状态等所涉及的程度、时间、频率、范围等。疑问代词可出现于某些副词之后表虚指。

首先是"好像、仿佛、似乎"等具有"好像"义的副词。这类副词表示有很大的可能性，但又不十分肯定，它们的使用加强了句子的不确定性，疑问代词与其同现可表示不明确、不肯定或记不清、记不准确等。如：

(27) 这场景我<u>好像</u>在<u>哪儿</u>看过，是在首都音乐厅，或是在世界杯足球赛的绿茵场，在巴西的狂欢节。

(28) 姜伟原来也是周力家的常客，也就不客气，端起碗吃了起来，他从早晨到现在一直没有进一口食，确实是又饥又饿。竟把留给周力的那份饭菜也全划拉下肚了。虹笑着说："姜兄弟，你<u>好像几</u>天没有吃过饭了。"

(29) 她向后退，仅仅地抓住毯子，<u>好像</u>这样就可以<u>多少</u>保护自己。

(30) 有时候想起来辛辛苦苦拼杀了几年，<u>好像</u>也没有<u>多少</u>收获。

(31) 她快活的心情，使她常常不自觉地哼着、唱着，<u>好像</u>有<u>多少</u>精力施展不出来似的成天忙碌着。

(32) 对于外国汽车租赁业巨头的介入，国内的汽车租赁企业<u>好像</u>并不<u>怎么</u>慌张。他们纷纷表示，像赫兹这样的品牌在国外虽然大名鼎鼎，但是在国内又有几人知晓。

以上都是疑问代词与"好像"同现的用例。例(27)中的"哪儿"指代"想不起来的某个地方"；例(28)的"几"代表不确定的时间量，由上下文可知，说话者认为这个"几"的主观量是"量多"。例(29)的"多少"表示"或多或少"，而例(30)、(31)中的"多少"则分别表示"数量少"和"数量多"，这是"多少"用于虚指时的特殊之处；例(32)中的"怎么"前有"不"的否定，表示"慌张得程度比较轻"。

(33) 这时，程家卿有点饿，也有点渴，好在水瓶里的水还有点温，只好将就了，正慢慢喝着，仿佛有谁也不敲门推开门就进来了。

(34) 仿佛是在等待哪个朋友或者想起哪个朋友。

(35) 他觉得这女子仿佛在哪里见过，但想不起她是谁。

(36) 看来，她不知道为什么失去记忆了；而那群人，他们似乎知道什么事，而且他们要逼她说出什么事。

(37) 所谓强迫症状是指患者主观上感到有某种不能克制的观念、情绪、意向和行为的存在，似乎谁在强迫自己这样做。

例(33)-(35)是疑问代词与"仿佛"同现的用例。其中，例(33)的"谁"表示不确定的人，相当于"有人"；例(34)的"哪"指代某一个，有推测义；例(35)的"哪里"表示因想不起或记不清而"不确定的某个地方"。例(36)-(37)是疑问代词与"似乎"同现的情况。例(36)的"什么事"指代说话人不确定不肯定的事情；例(37)的"谁"指代不确定的人。

此外，"也许、恐怕、想必"等副词也可与疑问代词同现表虚指。这些词都具有"猜测、推测"义，疑问代词与其同现表示不肯定、不确定。如：

(38) 我真担心！<u>也许</u>不至于<u>怎么样</u>。

(39) "肯定有疏忽，出现了观察者，<u>也许</u>是<u>哪</u>个摄象机没关，更有可能是哪个战士偷着睁了一下眼，想看看宏电子云什么的。"丁仪相当肯定地说。

(40) 西边的院门开着，火热的骄阳从门口挤进来，形成倾斜的光柱，外面的院子有冲水的声音，<u>也许</u>有<u>谁</u>在洗澡吧。

(41) <u>想必</u>克莱德<u>多少</u>还是个有钱有势的人，万一他在这里不得意，照样可以回老家去。

(42) 还要多谢出版者，<u>想必</u>经过<u>几</u>番考虑而后才公开发行的吧。

(43) 近年来，就常有些民工因找不到工作，又无钱回家而吃足苦头。如此盲目外出找工作的做法，<u>恐怕</u>不<u>怎么</u>合乎市场经济的法则。

(44) 虽如此应幸，他却不敢大意，上次要不是剑痴放了他，说不定自己早就躺在华山了，如今又见及他的剑招如此犀利，来硬的，<u>恐怕好不到哪儿去</u>。

例(38)-(40)是疑问代词与"也许"同现表虚指的用例。例(38)中的"怎么样"指代"某种程度"；例(39)中的"哪"是一种猜测，表示某种可能，指代"某一个"；在例(40)中，根据"外面的院子有冲水的声音"推测"有人在洗澡"，句中的"谁"指代推测的可能在洗澡的人。例(41)-(42)是疑问代词与"想必"同现的情况。例(41)的

"多少"指代一种推测的、不定的程度量；例(42)的"几"指代"不定的次数"。例(43)-(44)是疑问代词与"恐怕"的同现。其中，例(43)的"怎么"指代"某种程度"，因其前有"不"，故表示程度比较轻。例(44)的"哪儿"用于"形容词+不到哪儿去"结构表示"某种程度"，隐含有"程度不高"之意，整个结构表示担心情况不太好。

4.1.1.4 汉语疑问代词虚指的特征

汉语疑问代词可用于非特指问句、否定陈述句和肯定陈述句表虚指。非特指问句指的是是非问句、选择问句和正反问句；否定陈述句指的是疑问代词与"不、没(有)"同现于陈述句的情况；肯定陈述句指的是疑问代词与假设关系连词、具有"好像、推测"义副词等同现于陈述句的情况。此时，疑问代词都是指代不定的内容，具有不肯定、不确定之义。

4.1.2 对应形式

4.1.2.1 谁

"谁"作为虚指功能使用时，如果前面有"不知、肯定、好像、如果"等表示不确定、推测的词语，则主要对应于"누군가"。例如：

(1) 不知谁把门推得哐哐响。
    누군가가 문을 쾅쾅거리고 있다.

(2) 隔壁好像有谁在说话呢。
    옆방에서 누군가 말을 하고 있는 것 같다.

112

"谁" 在其他情况下表虚指，主要对应于韩国语疑问代名词 "누구" 或代名词 "아무"。例如：

(3) 有谁来过吗？
　　누가 오셨나요?

(4) 今天没有谁来过。
　　오늘은 아무도 오지 않았다.

4.1.2.2 什么

(一) 用于是非问句、选择问句

"什么" 在是非问句、选择问句中一般表示虚指。因为表虚指的 "什么" 不是句子焦点，所以对应于韩国语时，要么是没有实际意义的疑问词 "뭐, 무슨"，要么不翻译。例如：

(1) 今晚有什么安排吗？
　　오늘 밤 무슨 특별한 계획이라도 있나요?

(2) 我的话有什么奇怪的吗？
　　내 말이 뭐가 이상해?

"什么" 在例(1)中对应疑问冠形词 "무슨"，在例(2)中对应疑问代名词 "뭐"。"뭐" 和 "무슨" 在此都不表示疑问，也没有实际意义，即使去掉，也不影响对句意的理解。

(3) 你有什么抵押物吗？

담보가 있습니까?

上例中的"什么"在句中无实指义，即使去掉句子也照样成立，因此对应韩国语时可以不翻译。

(二) 用于否定句

"什么"用于否定句表虚指时，与否定词一起对应于副词"별로, 거의"或"얼마 없다"等表不完全否定的形式。例如：

(4) 没有什么好想法。
별로 뾰족한 생각이 없다.

(5) 他身上没带什么钱。
그는 수중에 돈이 얼마 없다.

(6) 她年轻时没受过什么就业指导。
그녀는 어릴 적에 진로 지도를 거의 받지 못했다.

(三) 与表示"推测、可能"的副词同现

"什么"与"好像、一定、可能"等表示推测、可能的副词同现时，可对应于韩国语疑问词冠形词"무슨"或"무엇인가"等形式。如：

(7) 他的工作可能出了什么毛病。
그의 일에 무슨 문제가 생긴 것 같다.

(8) 你好像在隐瞒什么。

당신은 <u>무엇인가</u>를 숨기고 있는 것처럼 보인다.

4.1.2.3 哪

"哪" 表虚指时, 主要对应于韩国语疑问词冠形词 "<u>어느</u>" 或 "<u>어떤</u>"。如：

(1) 他不知哪一天突然消失了。

그는 <u>어느</u> 날 갑자기 잠적해 버렸다.

(2) 哪个烂肠子的人, 干这等缺德事。

<u>어떤</u> 나쁜 놈이 이런 비양심적인 짓을 하는 거야.

4.1.2.4 哪里、哪儿

"哪里、哪儿" 表虚指时, 常对应于 "<u>어딘지</u>, <u>어딘가</u>" 或 "<u>어디</u>" 加副词格助词后再加 "<u>-ㄴ가</u>" 的形式, 有时也可对应于韩国语疑问代名词 "<u>어디</u>"。例如：

(1) <u>不知</u>从哪里飘来一股焦味儿。

<u>어딘지</u> 모르지만 한 줄기 타는 냄새가 난다.

(2) <u>不知</u>哪儿响起了嘎吱声。

<u>어디선가</u> 바각거리는 소리가 났다.

(3) 孩子好像哪里痛, 哭闹不止。

아이가 <u>어디</u>가 아픈지 짱알거린다.

4.1.2.5 多少

"多少" 表虚指, 主要表示不确定的量。有时可指量多, 有时可指量少, 有时还可表示或多或少。

(一) 表量多

(1) 他顶住了多少冷嘲热讽。
그는 온갖 조소와 풍자를 꿋꿋이 견디어 냈다.

(2) 走了多少次弯路, 他的发明终于成功了。
그는 많은 시행 착오 끝에 그 발명에 성공하였다.

例(1)-(2)中的 "多少" 处于定语的位置, 表示说话者认为数量多, 相当于韩国语冠形词 "온갖" 或形容词 "많다" 的冠形词形 "많은"。

(二) 表量少

"多少" 表量少的情况主要有如下两种, 一种是 "多少" 后面有 "有点(儿)、有些"。例如:

(3) 气氛多少有点儿紧张。
분위기가 약간 긴장되었다.

(4) 这件事你多少有些责任。
이번 일에는 너에게도 다소의 책임이 있다.

以上两例中的 "多少" 与 "有点(儿)、有些" 同现, 可对应于韩国语副词 "약간"、"다소"。

另一种情况是，"多少"与否定词同现。例如：

(5) 手头<u>没多少</u>积存。
　　수중에 모아 둔 돈이 <u>얼마 없다</u>.

(6) 这条路偏僻，<u>没有多少</u>人来往。
　　이 길은 외져서 사람 왕래가 <u>별로 없다</u>.

(7) 他的年龄比你<u>大不了多少</u>。
　　그 사람 나이가 너보다 <u>그리 많지 않다</u>.

　　例(5)-(6)中的"多少"与否定词"没(有)"同现，可分别对应"<u>얼마 없다</u>"和"<u>별로없다</u>"；例(7)中的"多少"与否定词"不"同现，可对应"<u>그리</u>"加否定的形式。

(三) 表或多或少

(8) <u>多少</u>不等，长短不齐。
　　<u>수량</u>이 같지 않고, 길이가 같지 않다.

　　"多少"作主语可以表示或多或少的量，可对应于韩国语名词"수량"。

4.1.2.6 几

　　"几"表虚指时，指的是不定的量，有时意少，有时言多。如：

(1) 叫他<u>几</u>次，总是推故不来。

그를 몇 차례나 불렀지만 끝내 구실을 대고 오지 않는다.

(2) 我昏过去好几分钟。
나는 일시적으로 수 분 동안 의식을 잃었다.

例(1)、(2)中的 "几" 虽然表示不定的量, 但说话者的意思是 "多量", 在例(1)中所对应的韩国语为疑问数词 "몇" 后加 "나"; 例 (2)的 "好几分钟" 表示说话者认为时间很长, 此处的 "几" 主要对 应韩国语前缀 "수"。再如:

(3) 不到几年事业就兴旺起来。
몇 년 안 되어 사업이 크게 발전하게 되었다.

(4) 有几分醉意。
약간 취기가 있다.

例(3)中的 "几" 前面有否定词 "不", 所以指时间较短, "几" 在 这里对应 "몇"; 例(4)中的 "几" 表示 "有点儿、稍微", 也指量少, 可对应副词 "약간"。

表示年龄时, 如果十进制的整数后加 "好几", 则表示年龄超过 了那个整数, 意指年龄大, "几" 在这里是 "超过…" 的意思, 可对 应于韩国语动词 "넘다"。如:

(5) 小伙子三十好几了, 还没有成家呢。
젊은이는 나이 삼십이 넘었는데 아직 결혼도 안 했어.

4.1.2.7 怎么

(一) 与否定词同现

"怎么" 前面加上否定词 "不、没(有)" 可以表虚指, 意指一定程度, 相当于韩国语副词 "별로, 그다지" 后加否定形式。例如：

(1) 我和他没怎么说过话。
     나는 그와 <u>별로</u> 말을 나눈 적은 <u>없다</u>.

(2) 天气不怎么冷。
     날씨가 <u>그다지</u> 춥<u>지</u> 않다.

(二) 与 "不知(道)" 同现

"怎么" 与 "不知(道)" 同现, 加强了句子的不确定性, 可表虚指, 主要对应于 "어쩐지, 어찐 된 일인지, 무엇 때문인지, 웬일인지" 等形式。例如：

(3) <u>不知怎么</u>, 今天打不着鱼。
     오늘은 <u>어쩐지</u> 고기가 잘 물리질 않네요.

(4) <u>不知怎么</u>搞的, 整天闷声不响。
     <u>무엇 때문인지</u> 하루 종일 뚱하다.

(三) 用于选择问句

"怎么" 还可以用于选择问句表示虚指, 相当于韩国语的 "어찌 된 것이다"。如：

(5) 她半天不做声，是生气了还是<u>怎么</u>了？

그녀는 한참 동안이나 말을 않던데 화가 났나 아니면 <u>어찌 된</u> <u>것인가</u>?

4.1.2.8 怎样、怎么样

"怎样、怎么样"表示虚指时常在前面加上"不"，构成"不怎样/怎么样"的形式，意思是"普通、一般、没什么"等，相当于韩国语副词"별로"加否定形式或形容词"되잖다，시시하다，평범하다，거칠다，볼품없다，형편없다"等。例如：

(1) 这幅画儿画得<u>不怎么样</u>。

이 그림은 <u>별로</u> 잘 그리지 <u>못했다</u>.

(2) <u>不怎么样</u>的借口。

<u>되잖은</u> 핑계.

(3) 这幅书法<u>不怎么样</u>。

이 서예 작품은 <u>평범하다</u>.

(4) 外表像个样儿，骨子里可<u>不怎么样</u>。

겉은 그럴듯한데 속은 <u>형편없다</u>.

(5) 外表<u>不怎样</u>，心底却很善良的人。

외모는 <u>거칠지만</u> 마음은 착한 사람.

4.2 任指及其对应形式

4.2.1 任指

对于疑问代词的 "任指" 前人的观点比较统一。

吕叔湘(1942)认为, 疑问代词的 "任指" 是指表 "不论", 比如 "什么" 可以代表 "不论是什么的一件东西", "谁" 可以表示 "不论是谁的一个人"。

王力(1985/1944:235)的 "任指" 主要指的是 "无例外" : "疑问代词代替任何事物, 在所涉及的人或事物的范围之内没有一个例外"。 另外, 丁声树(1999/1961:164)也认为疑问代词表示 "任指" 时, 是指所说的范围之内没有例外。

林祥楣(1958)认为疑问代词的 "任指" 主要表 "任何", 即疑问代词表示任何人、任何事物时, 其后常常出现 "都/也/全", 或者其前加连词 "无论/不论/不管" 等。此外赵元任(1958)、汤廷池(1981)、刘月华(1983)、 邢福义(2002)也都认为任指表示任何人, 任何事物、任何方式、任何数量等。

朱德熙(1982:93)指出疑问代词非疑问用法的第一种情形是表示 "周遍性", 即 "疑问代词有的时候不表示疑问, 这有两种情形 : 第一是表示周遍性, 即表示在所涉及的范围之内没有例外。这一类句式里常常有 '也、都' 之类副词。有时还用 '不论、不管' 等连词跟 '也、都' 呼应"。邵敬敏(1996:229)以疑问代词 "什么" 为例, 认为 "全指性 '什么' 表示它所指代的范围之内无一例外, 具有周遍性意义"。

卫斓(1998:183)指出 : "当上下文要求说话人来表明自己的态度或对事物进行评论时, 并且需要同时强调说话人所指的范围全面,强调某一事物或现象均如此而无一例外，常常会用到疑问代词的任指用法。"

刘月华(2004:103)认为："疑问代词还可以用来表示任指，比如'谁'可以指任何一个人，'什么'可以指任何一件东西。疑问代词这样用时，不要求回答，句中常用副词'都'或'也'与之呼应，有时句首还可以用'无论'、'不管'等连词，更加突出其任指意义"。

马庆株(2010:120)指出疑问代词的任指用法是'任何人或事物在所言范围内无一例外，具有周边性，常配合使用'都'、'也'等副词"。

黄伯荣　廖序东(2011:23)认为疑问代词的任指用法可以"表示任何人或任何事物，说明在所说的范围内没有例外"。

综上所述，尽管学界对疑问代词的"任指"有"不论说"、"无例外说"、"任何说"、"周遍说"以及"强调说"等不同表述，但对"任指"界定的意义内涵却基本相同。即疑问代词的"任指"在语义上指的是在所涉及的范围之内没有例外，指代全部和一切，可表示任何人、事物、地点、时间、数量、方式、性状、程度等。如：什么 — 任何事物、谁 — 任何人、哪里 — 任何地方、怎么 — 任何方式等。

表任指时，疑问代词在形式上常与"无论、不论、不管、任、任凭"等表条件连词或表总括、类同义的副词"都、也"同现；有时可与二者同时出现，即前有"无论、不论、不管、任、任凭"，后有"都、也"。也就是说，疑问代词表任指时，常出现于某种特定的构式。

4.2.1.1 无论/不论/不管/任/任凭+疑问代词

这是只在疑问代词前面出现表条件连词的情况。疑问代词与

"不论、无论、不管" 等连词同现，作为前句表示某种任意的条件，后句表示无论前句的条件如何改变其结果都不变。例如：

(1) 2月14日这天，<u>不管什么</u>消费，只要与情人节挂上钩，价格必定翻上好几番。

(2) 绝大多数顾客的要求是正当的，因此，我们决定<u>不论多少</u>都要赔。

(3) 如今，在江苏，<u>无论</u>走到<u>哪里</u>，再也听不到居民买卖难的抱怨

以上几例都是疑问代词分别与连词 "不管、不论、无论" 同现表任指的情况。例(1)-(2)是疑问代词与连词相连，其中，例(1)中的 "不管什么" 表示 "任何方式"、"任何种类"，例(2)中的 "不论多少" 表示 "任意数量"。例(3)中的疑问代词与连词中间有其他成分，"无论…哪里" 表示 "…任何地方"。

除 "无论、不论、不管" 以外，疑问代词有时也会与 "任、任凭" 同现表任指。如：

(4) 日本千叶家庭食品有限公司的科研小组经过多次试验，发现洋葱里含有一种物殊的酶。如果把这种酶去掉，<u>任你怎么</u>切，洋葱都不会放出刺激性的气味，让你泪水涟涟了。

(5) 任建军的第一反应是到厨房，经核实海鲜原料都是自养的鲜活品，但<u>任凭她怎样</u>和颜悦色地解释，客人就是不信。

4.2.1.2 疑问代词+都/也 +(不/没)

这是只在疑问代词后面出现表总括、类同义副词"都/也"的情况，后面常加否定词"不/没"，构成"WH+都/也+(不/没)"构式，表示全指性任指，说明某种情况无一例外。例如：

(6) 我们在第一年中<u>什么都</u>没有做到。

(7) 每家都有老人，<u>谁都</u>有老的时候。

(8) 不过，最后我还是觉得<u>哪儿都</u>不如中国好。

(9) 转眼明月上升，夜色清朗，他<u>怎么样也</u>睡不着，只是唉声叹气，埋怨自己命苦。

(10) 他去西安多次，但<u>哪儿也</u>没去玩过，终日机场、宾馆、两点一线。

(11) 哥儿俩投缘，喝<u>多少也</u>不碍事！

除"为什么"以外，其他疑问代词都能与"都、也"同现表任指。以上例句中的(6)-(8)是疑问代词与"都"同现的情况。例(6)中的"什么"指代"任何事情"；例(7)的"谁"指代"任何人"；例(8)中的"哪儿"指的是"除中国以外的任何国家"。例句(9)-(11)是疑问代词与"也"同现的情况。其中，例(9)的"怎么样"表示"任何方式"；例(10)中的"哪儿"指的是"西安的任何地方"，是有范围限制的；例(11)中的"多少"表示的是"任何数量"。

副词"都"有总括义，强调一定范围内"完全、全部、无一例外"，多用于肯定句，也可用于否定句；"也"有"类同、同样"义，常用于否定句。在否定句中的"都"、"也"一般可互换；而肯定句中的"都"很难换成"也"。

4.2.1.3 无论/不论/不管/任/任凭+疑问代词+都/也

疑问代词表任指最完整的表达方式是前面有条件关系连词"无论、不论、不管"或"任、任凭",后面有副词"都、也",表示在所涉及的范围之内没有例外,二者同时使用,起到了强调的作用。如:

(12) 扮演秀梅的演员前后换了三个,三位秀梅便互相鼓励,共同学习,她们说:"<u>不管谁</u>上场,<u>都</u>要把大家对这个角色的心意带到舞台上去。"

(13) 段绪强对他说:"客户是我们的衣食父母,他要怎么样就怎么样,<u>无论怎样都</u>要笑脸相迎,不准耍态度!"

(14) 我们<u>不论</u>到哪儿去参观,负责同志<u>都</u>在百忙中放下工作来接待我们,引导我们参观或给我们详细解答问题。

(15) 历史、现状和民意,是<u>无论什么也</u>改变不了的。

(16) 这篇小说的主题,<u>不论再过多少年也</u>不会过时的。

(17) 他的技术高,但是有个倔脾气,不合心的事,<u>不论谁说</u>,他<u>也</u>不干;合他心的事,谁也阻拦不了他去干。

汉语所有疑问代词都能与"无论/不论/不管/任/任凭 … 也/都 …"同现表任指。例(12)-(14)是与"无论/不论/不管/任/任凭 … 都 …"同现的情况,其中的"谁、怎样、哪儿"分别表示"任何人、任何性状、任何地方";例(15)-(17)是与"无论/不论/不管/任/任凭 … 也 …"同现的情况,其中的"什么、多少、谁"分别指代"任何东西、任何数量、任何人"。

此外,疑问代词还能与"无论/不论/不管 … 全/总/还/均 …"同

现。如:

(19) 黑夜<u>无论怎样</u>悠长,白昼<u>总</u>会到来。

(20) <u>无论谁</u>看见这孩子,<u>全</u>说这孩子大生的一副福相。

(21) 此外,在报考志愿专业中遇有规定的加试科目,<u>不论是第几</u>志愿,<u>还</u>应参加加试科目的考试。

(22) 从记忆方式看,<u>不论</u>在<u>哪个</u>年龄阶段,女性<u>均</u>优于男性。

例(19)-(20)是疑问代词与"无论/不论/不管 … 全/总 …"同现的情况,其中的"无论怎样、无论谁"分别表示"任何程度、任何人";例(21)-(22)是疑问代词与"无论/不论/不管 … 还/均 …"同现表任指的用例。

(四) 疑问代词表任指的特征

汉语疑问代词的任指主要指的是在所涉及的范围之内没有例外,指代全部和一切。表任指的疑问代词通常出现于三种结构。一种是"无论/不论/不管/任/任凭+疑问代词",即疑问代词前面出现表"任由"义的连词;第二种是"疑问代词+都/也 +(不/没)",即疑问代词后面出现表"总括"义的副词"都"或"类同"义的副词"也",其中,"都"多出现与肯定句,"也"多出现于否定句;还有一种是"无论/不论/不管/任/任凭+疑问代词+都/也/全/总/还/均",即疑问代词前有连词后有副词与之搭配。

4.2.2 对应形式

4.2.2.1 谁

"谁" 表任指时, 在肯定句中相当于韩国语疑问代名词 "누구", 在否定句中可对应 "누구" 或代名词 "아무"。如:

(1) 那时候无论谁都需要父母关心。
    저맘때는 누구나 부모의 관심이 필요하다.

(2) 谁都没有他会说话。
    누구도 그보다 말을 잘하지 못한다.

(3) 这件事谁也不知道。
    이 일은 아무도 모른다.

4.2.2.2 什么

"什么" 表任指时, 相当于韩国语疑问代名词 "무엇"、冠形词 "아무런" 或 "아무 것/일"、"어떤 것" 等形式。例如:

(1) 她什么也不想做。
    그녀는 무엇도 하고 싶지 않다.

(2) 什么也没有流露。
    아무런 내색을 하지 않다.

(3) 我随便吃什么都行。
    저는 아무거나 괜찮습니다.

(4) 什么都可以。
    어떤 것이라도 상관없습니다.

4.2.2.3 哪

"哪" 表任指时，主要对应于疑问冠形词 "어느"、"어떤"。如：

(1) 不管是<u>哪</u>一个，想拿就拿走吧。
<u>어느</u> 것이든 갖고 싶은 대로 가져라.

(2) 我<u>哪</u>一样都不想要。
나는 둘 중 <u>어떤</u> 것도 원하지 않는다.

4.2.2.4 哪里、哪儿

"哪里、哪儿" 表任指时主要对应于疑问代名词 "어디"。如：

(1) 无论<u>哪儿</u>我都愿意去。
<u>어디</u>든지 나는 다 가고 싶다.

(2) 他到<u>哪里</u>都很受欢迎。
그 사람은 <u>어디</u>를 가도 매우 환영받는다.

当与 "哪里、哪儿" 同现的 "都、也" 后有否定词 "不、没(有)" 时，"哪里、哪儿" 通常对应于 "아무 데" 或 "아무 곳"。如：

(3) 天太热，我<u>哪儿</u>都不想去。
날씨가 너무 더워서 <u>아무 데</u>도 가고 싶지 않다.

(4) 整个假期都呆在家里，<u>哪里</u>都没去。
휴가 기간 내내 집에 있으면서 <u>아무 곳</u>에도 가지 않았다.

4.2.2.5 多少

"多少" 表任指时, 常与副词 "都、也" 或连词 "不论、不管、无论" 等同现, 相当于疑问数词 "얼마" 后加辅助词 "-(이)든지" 或 "얼마" 与连接词尾 "-든지, -아/어/여도" 同现。例如:

(1) 不论<u>多少</u>都拿来。
    <u>얼마</u>든지 있는 대로 다 가져 오너라.

(2) 有<u>多少</u>也不满足。
    <u>얼마</u>가 있어도 충분치 않다/ 얼마가 있든 족하지 않다.

4.2.2.6 几

"几" 用于表任指时, 常与副词 "也、都" 同现, 在韩国语中主要对应疑问数词 "몇", 后面动词常与 "-아/어/여도" 同现。如:

(1) 这衣裳洗<u>几</u>遍也不变色。
    이 옷은 몇 번 빨아도 변색되지 않는다.

(2) <u>几天几夜</u>也说不完。
    며칠이 걸려도 다 이야기할 수가 없다.

4.2.2.7 怎么

"怎么" 主要与 "无论、不论、不管" 等连词或副词 "都、也" 同现表任指。可对应于韩国语的 "아무리 … 해도, 어떻게 … 해도" 等。如:

(1) <u>无论怎么</u>用功，<u>也</u>考不中。

<u>아무리</u> 공부를 열심히 <u>해도</u> 합격이 안 된다.

(2) <u>无论</u>他<u>怎么</u>说，我还是半信半疑。

그가 <u>어떻게</u> 말해<u>도</u> 나는 아직 반신반의한다.

4.2.2.8 怎样、怎么样

"怎样、怎么样" 表任指时可对应于韩国语中的 "아무리 … 해도"、"무슨/어떤 일이 있어도"、"이떻게/아무렇게 해도" 等形式。例如：

(1) <u>怎样</u>请求<u>也</u>没有反应。

<u>아무리</u> 요청해도 반응이 없다.

(2) <u>不管怎样</u>，你们还是朋友。

<u>어떤 일이 있어도</u> 너희들은 계속 친구가 되어 주겠지.

(3) 他这人洒脱，<u>怎么样都</u>行。

그는 소탈해서 <u>어떻게 해도</u> 괜찮다.

"怎样、怎么样" 前面加上 "不管"，构成 "不管怎样/怎么样" 的形式，还可相当于韩国语 "어떻게든、어쨌든、어찌 되었든" 等形式。例如：

(4) <u>不管怎么样</u>我想变通变通看。

<u>어떻게든</u> 제가 변통해 보겠습니다.

(5) <u>不管怎样</u>，打骂孩子是不对的。

<u>어쨌든</u> 아이를 때리고 욕하는건 옳지 못한 짓이다.

4.3 互指及其对应形式

4.3.1 互指

汉语学界对疑问代词互指的研究还不是很多，主要有以下一些观点。

丁声树等(1961/1999:164)中论述："疑问代词表示任指的句法有两类，第一类句法常常带有'也、都、全'一类词，表示所说的范围之内没有例外 … 第二类句法用相同的疑问代词前后照应。'谁'字的用法有两小类：(甲)两个'谁'字，一个做主语，一个做宾语，指的不同的人，表示彼此间的相互关系。两个'谁'字中间总没有停顿。句中也是常有'都'字'也'字"。这里疑问代词表任指的第二类句法中"谁"字的(甲)类用法就是我们所说的互指。

刘月华等(2004:105)认为："还有一种表示任指的方法是两个疑问代词用于同一单句，前后呼应，指不同的人或事物。"这一任指用法也是我们所说的互指。

邢福义(2002:113)将互指和呼应指都称为"游移指"，认为这一用法是指疑问代词前后呼应，所指游移不定。

唐燕玲(2010:180)认为，互指，顾名思义是互相指称，表现形式是交互指。即用疑问代词的同一种形式表示不同的人、事物、方所、性状、原因、数量等，同形疑问代词一定是在同一个句法结构里的不同句法成分里重复出现。疑问代词通常为两个，而且文中也出现两项疑问代词所指称的信息。

王小穹(2012:71)认为："互指由两个疑问代词一前一后构成，前后两个疑问代词除了指代前文中提及过的人或事物外，还彼此指代。互指情况下的疑问代词因为是对前文的人或事物进行指代，所以这种指代是定指性的，是确指。"

"互指"一般也称"异指"，是由两个疑问代词一前一后构成，两个疑问代词不仅分别指代前文中提及的人或事物，还彼此互相指称。

语料检索发现，疑问代词的互指以"谁"为最多，"哪"有极少用例，且都是以"哪个"的形式出现，其他疑问代词未发现相关用例。疑问代词表互指时，可以指人、指事物，也可以指代动物。例如：

4.3.1.1 谁+(也/都)+VP否定+谁

(1) 如今南方和我是两清了，谁也不欠谁的了。

(2) 多年来，他们相依为命，谁也离不开谁，被誉为博荣山下"三兄弟"。

(3) 五个人平起平坐，不分高低，谁也管不了谁。

(4) 阿根廷和巴西都是南美足坛劲旅，两队多次对抗互有胜负，谁也不服谁。

(5) 各民族长期的迁徙和融合，形成了你中有我，我中有你"谁也离不开谁"的思想基础。

(6) 所以白蚁和披发虫谁也离不开谁。

(7) 当天早晨，上海下起了淅淅沥沥的小雨，更添一层离愁别绪。三头幼虎"兄弟"似乎谁都不愿意离开谁，静悄悄地蜷缩在虎舍一角，不肯与洛阳的饲养员见面。

例(1)-(7)中的VP均为动词的否定结构，其中例(1)中的"不欠"、例(4)中的"不服"和例(7)中的"不愿意离开"都是"不+VP"结构，例(3)中的"管不了"和例(2)、(5)、(6)中的"离不开"都是补语的否定形式"V+不+V"结构。

从指代对象的角度来看，例(1)-(3)的"谁"指代人，例(4)-(5)中的"谁"指代事物，例(6)-(7)中的"谁"指代动物。

另外，由上例可见，这一结构的主语均为两个或两个以上的参与者，如例(1)、(4)、(6)的主语为两个参与者，例(2)、(7)的主语为三个参与者，例(3)、(5)的主语是三个以上的参与者。当参与者为两个时，"谁+(也/都)+VP否定+谁"结构表达的是一种相互性的意义。如例(1)中"谁也不欠谁的"前面的主语为"我"和"南方"，如果前一个"谁"指代"南方"，后一个"谁"就指代"我"；前一个"谁"指代"我"，则后一个"谁"就指代"南方"。即"谁也不欠谁的"表达的语义为"我不欠南方的"或"南方不欠我的"，前后两个"谁"指代的对象可以互相替换。例(2)中"谁也离不开谁"前面的主语为"他们"，两个"谁"分别指代"他们(三兄弟)"中的一个，那么此句式可以表达为"A离不开B"、"A离不开C"、"A离不开BC"、"B离不开A"、"B离不开C"等九种组合。例(3)的主语为"五个人"，"谁也管不了谁"可以表示"A管不了B"、"A管不了C"、"A管不了D"等二十五种组合。例(5)的主语为"各民族"，句中"谁也离不开谁"所能表达的语义就更为丰富了。也就是说，当"谁+(也/都)+VP否定+谁"结构的主语超过两个以上参与者时，构式所表达的是一种交互意义，即主语成员内任何两两参与者都具有相互性。

4.3.1.2 谁+X+谁

(8) 当时，屋里坐满了人，谁跟谁都不熟。

(9) "象这三个字'搞、干、做'都是现成的, 并不<u>谁比谁</u>更俗, 只看你把它搁在哪里最恰当, 最合适就是了"。

(10) 每次出发, 五台车从没有发生过<u>谁超谁</u>的事, 车速基本保持一致。

(11) 徐利说, 第一集团的 6 支球队互相之间, <u>谁赢谁</u>都很正常, <u>谁输给谁</u>也不奇怪。

X在以上四例中分别为连词"跟"(例8), 介词"比"(例9), 动词"超"(例10), 动词"赢"和动词短语"输给"(例11)。该结构主要也用于否定, 但与"谁+(也/都)+VP否定+谁"所不同的是, 句中的否定词在结构之外。如例(8)、(11)中的"不"分别在"谁跟谁"、"谁输给谁"之后, 例(9)、(10)中的"不"、"没有"分别在"谁比谁"、"谁超谁"之前。此外, 该结构还常与"都/也/更"等副词连用。

"谁+X+谁"这一结构可以指代人, 如例(8); 也可以指代事物, 如例(9)-(11), 但未查找到指代动物的用例。

与前一结构相同的是, 该结构的主语也是两个或两个以上的参与项。如例(9)是"三个字", 例(10)是"五台车", 例(11)是6支球队; 而例(8)虽没有具体的数量, 但从"坐满"一词来看, 主语应该为多人。

4.3.1.3 哪个+V+哪个

(12) 她说我小时候跟她顶嘴说"<u>哪个怕哪个</u>", 结果挨她痛快的收拾一顿。

(13) 思维对存在的关系问题, 就是精神与自然界哪个是第一性的问题, 这也就是二者之中<u>哪个决定哪个</u>的问题。

疑问代词"哪"加量词"个"形成"哪个"的形式也可表互指，表互指时"哪个"主要用于"哪个+V+哪个"结构，如例(12)是"哪个怕哪个"，例(13)是"哪个决定哪个"。这一结构可以指人，如例(12)指的是"她和我"；可以指物，如例(13)指的是"思维和存在"。不管指人还是指物，其主语都是两个参与项。

4.3.1.4 汉语疑问代词表互指的特征

汉语能表互指的疑问代词主要为"谁"，"哪"加量词"个"构成"哪个"也可表互指，但用例较少。"谁、哪个"表互指时主要用于"谁+(也/都)+VP否定+谁"、"谁+X+谁"、"哪个+V+哪个"这三种结构。表互指时，疑问代词常与否定词"不、没"和副词"都、也、更"搭配。其中，"不"和"都、也"可出现于"谁+(也/都)+VP否定+谁"结构，也可与"谁+X+谁"结构同现；而"没"和"更"主要与"谁+X+谁"结构同现。

两个同形疑问代词在句中前后出现表互指时，可以指人、事物或动物，但所指对象不同。另外，表互指结构要求句子的主语必须为两个或两个以上的参与项。当主语为两个参与项时，结构表达一种相互性；当主语为两个以上参与项时，结构表达一种交互意义，也就是说主语成员内两两参与项之间都具有相互性。

4.3.2 对应形式

4.3.2.1 谁

韩国语疑问代名词"누구"也有互指功能，但基本不能指代事

物和动物，只能指人。因此，当"谁"表互指并指代人时，主要对应
"누구"；而当句子主语为"夫妻俩、两人、他们俩"等两个参与者
时，可以不出现"누구"，而用"서로"来代替，或者"누구"和"서로"
同时出现。例如：

(1) 谁都不能抱怨谁。
    누구도 누구를 원망할 수 없다.

(2) 五个人平起平坐，地位相当，谁也管不了谁。
    다섯 사람이 동등한 자격으로 누가 누구를 관여할 수 없다.

(3) 夫妻俩谁也不听谁的。
    부부는 서로 상대의 말을 따르지 않는다.

(4) 两人一见面就斗嘴，谁也不让谁。
    두 사람은 만나자마자 입씨름을 하여 서로가 한치도 물러서질
    않았다.

(5) 他们俩谁也不让谁。
    두 사람은 누구도 서로에게 양보하지 않는다.

(6) 到底你俩谁先踹谁的啊？
    도대체 너희 둘 중에서 누가 먼저 찬 거야?

例(1)、(2)中前后两个"谁"在韩国语中可直接对应两个"누구"，
一个在前面作主语，一个在后面作宾语。例(3)、(4)的句子主语分别
为"夫妻俩"、"两人"，都是由两个参与者所组成，对应韩国语时，
两个"谁"可译作"서로"。例(5)的主语"他们俩"也是由两个参与
项组成，句子可理解为"他们俩谁也不让对方"，因此可对应韩国语
的"누구도 서로…"；例(6)主语"你俩"也是由两个参与项组成，但

句中有副词"先"，可理解为"到底你俩谁先踹的啊？"译作韩国语时后一个"누구"可省略。

(7) 阿根廷和巴西都是南美足坛劲旅，两队多次对抗互有胜负，<u>谁</u>也不服<u>谁</u>。
아르헨티나팀과 브라질팀은 남아메리카 축구계의 강팀이다. 두 팀이 여러 차례 겨루었는데 승패는 반반이어서 <u>서로</u> 승복하지 않았다.

(8) 所以白蚁和披发虫<u>谁</u>也离不开<u>谁</u>。
그러므로 흰개미와 트리코님프속은 <u>누구도 서로</u> 떨어질 수 없는 관계이다.

例(7)、(8)中的"谁"分别指代事物和动物，且主语都是由两个参与项组成，"谁"在其中主要对应副词"서로"(例7)，或"누구도 서로…"(例8)，此时的主语"白蚁"和"披发虫"已经被拟人化了。

4.3.2.2 哪

前文已指出，"哪"表互指主要以"哪个"的形式出现，可以指代人，也可以指代事物。例如：

(1) 碰到就碰到，<u>哪个</u>怕<u>哪个</u>！
마주치면 마주치지뭐, <u>누가 누구를</u> 무서워하는가!

(2) 理智与情感打仗的话，你们经常<u>哪个</u>胜<u>哪个</u>？
이성과 감정의 싸움은 <u>어느 쪽이</u> 이길까?

例(1)中的"哪个"指人，分别指代前文提到的"我"和"她"，可直接对应作主语和作宾语的"누구"。例(2)中前后两个"哪个"指代"理智与情感"，可对应于韩语的"어느 쪽"。

4.4 呼应指及其对应形式

4.4.1 呼应指

呼应指，指的是两个同形疑问代词前后呼应使用的情况。对疑问代词的这一用法，目前学界尚无统一的术语名称及定义。

于细良(1965)、吕叔湘(1982:183)、丁声树(1961:165)、朱德熙(1982:93)、吕叔湘(1985:173-176)、卫斓(1998:182)、刘月华(2004:104)、李俊香(2003)等都把两个同形疑问代词前后呼应使用的情况算作"任指"的一种。他们认为在这种用法中，两个同样的疑问代词，前后呼应，指同一个人、同一件事物、同一种方式、同一个时间、同一个地点等。即第一个疑问代词是表任指的，第二个疑问代词与第一个疑问代词指称相同的人或事物，是有定的。

王力(1985:224-234)曾论述："不定称有两项"，一是泛指一般，二是承前称，并把这种句式叫做"很像代数字的功用"，他指出，前后两个疑问代词相互照应，"前一个是无定的，后一个是比较有定的"。

宋玉柱(1994:266-270)、邵敬敏(1996:234-235)、侯文玉(2014:148)认为这是"承指"用法。其中，宋文认为，承指用法的前一个疑问代词含有周遍性意义，疑问代词是无定的；而后一个疑问代词承指前一个疑问代词，也是无定的。这两个疑问代词一定是前后呼应着用，所指相同。邵文也将这种情况称为"承指"，并在论述承指性"什么"时认为：前后两个"什么"所指相同，而且形成一种"倚变" 关系，即"什么2"由"什么1"所决定。"什么1"表示一种"任指"，而"什么2"则承"什么1"而来，表示"承指"。侯文认为，两个同形疑问代词前后呼应着使用，后一个承指前一个，与前一个的所指相同，用"承指"这一名称更能说明疑问代词的这一特点。

还有一些从构式角度进行的研究。如梁英梅(2012)首先把两个同形疑问代词前后呼应使用的情况看做疑问代词匹配构式，接着考察各类型匹配构式前后分句之间的关系，推导构式义，然后分析构式语义形成的原因和各构式间的承继联接，最后对构式中的疑问代词进行了语义分析；金炫哲·梁英梅(2013)主要着眼于构式中的疑问代词，认为其具有全称量化语义和存在量化语义；铃木庆夏(2015)将这一结构称为"法则句"，认为该构式的构式义是"一条规律或规则"，着重分析法则句的句法语义、篇章和语义特点。此外，还有一些对个体构式的研究。如徐欢(2013)对构式"怎么X怎么Y"的研究，史晓懿(2013)对"谁A谁B"构式的研究，马兴茹(2016)对构式"(S)V1多少，(S)(就)V2多少"的分析等。

我们认为，两个同形疑问代词前后相承，呼应着使用，前一疑问代词指代虚指的不确定或任指的全部，而后一疑问代词呼应前面虚指或任指的指代内容，与其所指相同，表示同一个人(谁)、同一种事物(什么)、同一个地方(哪里/哪儿)、同一种方式(怎么)、同样的数量(多少)等，用"呼应指"这一名称更能说明疑问代词这一结构的特点。

表呼应指时，两个疑问代词从形式上看可以分开使用，也可以连在一起使用，我们称之为"典型隔用"和"特殊隔用"。下面我们分别来进行讨论。

4.4.1.1 典型隔用

指的是两个疑问代词在形式上是分开使用的，可分别出现于复句的前后两个分句，也可以出现于一个紧缩句中。

（一）复句形式

指的是两个疑问代词分处于两个不同的小句，共同形成一个复句，其形式可表示为"… Wh1 …，… Wh2 …"。这种形式的用法还可再分为两类，一类是前后两个疑问代词的句法功能相同。此时，两个疑问代词分别出现在前后两个分句中，且句法功能相同，前后两个分句结构也相同。例如：

(1) 不骗你们，谁不相信，谁可以去看。

(2) 小姑娘，这是叔叔特意为你挖的树坑，你喜欢什么，叔叔就种什么。

(3) 希望在哪里，错误便也在哪里。

(4) 有什么内容，就有什么形式，不同的内容需要不同的形式。

(5) 我怎么说，你们就怎么做。

在例(1)中，两个"谁"分别在前后两个分句中作主语，前后两个分句"谁不相信"和"谁可以去看"都是主谓结构。例(2)、(3)中的"什么"、"哪里"分别在前后句中作宾语，其中，例(2)的"喜欢什么"、"种什么"和例(3)的前后两个"在哪里"都为动宾结构。例(4)中的 "什么"分别在前后分句作定语，前后两个分句中的"什么内容"和 "什么形式"都是定中结构。例(5)中的"怎么"分别在前后句作状语，前后两个分句的"怎么说"和"怎么做"都是状中结构。

另一类是前后两个疑问代词的句法功能不同。此时，两个疑问代词分别出现在前后两个分句中，句法功能又不相同，那么前后两个分句结构也应不同。例如：

(6) 他说当了皇帝以后，他要<u>喜欢什么</u>，下边就有<u>什么风气</u>。

(7) 现代化路延伸到<u>哪儿</u>，<u>哪儿</u>便繁荣兴旺。

(8) 别说宋雨这个生意精不相信了，<u>换成谁</u>，<u>谁</u>也不会相信啊！

(9) 这件事非常重要，<u>谁</u>出差错，就<u>把谁</u>调到支社工作。

例(6)中的"什么"在前后两个分句中分别作宾语和定语，"什么"所构成的前后"喜欢什么"和后项"什么风气"分别为动宾结构和定中结构。例(7)中的"哪儿"作前后分句的宾语、主语，"哪儿"所构成前后项"延伸到哪儿"和"哪里便繁荣兴旺"则分别为动宾结构和主谓结构。例(8)中的"谁"分别做前后句的宾语和主语，前后句中的"换成谁"和"谁也不会相信"分别为动宾结构和主谓结构。例(9)中的两个"谁"分别在前后句中做主语和宾语，由"谁"构成的前后项"谁出差错"和"把谁"分别为主谓结构和介宾结构。

(二) 紧缩形式

指的是由两个疑问代词所组成的前后项同在一个小句内，前后项之间没有语音停顿，可表示为"…Wh1…Wh2…"。同复句形式一样，这种形式的用法也可分为两类，一类是两个疑问代词的句法功能相同，另一类是两个疑问代词的句法功能不同。首先看一下两个疑问代词句法功能相同的情况。

(10) 除夕夜他屋门大开，一堆堆钞票放在桌上，<u>谁需要谁就来拿</u>。

(11) 如果对一天的事情心中无数，<u>碰到什么干什么</u>，结果就会浪费时间。

(12) 他的工作就是按照组委会的要求认真执行，"<u>有多少钱办多少事</u>"。

(13) 儿子作文是弱项，我们就启发、诱导他把所看传统片的感受写下来，<u>怎样想就怎样写</u>，不要畏难。

在例(10)中，由"谁"构成的前后项"谁需要"和"谁就来拿"都为主谓结构，两个"谁"分别做"需要"和"来拿"的主语。例(11)中由"什么"构成的前后项"碰到什么"和"干什么"都为动宾结构，两个"什么"分别作"碰到"和"干"的宾语。在例(12)中，由"多少"构成的前后项为"有多少钱"和"办多少事"，其中，"多少钱"和"多少事"的句法位置相同，分别作"有"和"办"的宾语，均为宾语的位置；而"多少钱"和"多少事"本身又都为定中结构，两个"多少"分别做"钱"和"事"的定语。例(13)中由"怎样"构成的前后项"怎样想"和"怎样写"都为状中结构，两个"怎样"分别作"想"和"写"的状语。

可见，在以上四个例句中，由疑问代词所构成前后项的句法结构相同，句法位置相同，疑问代词在其中的句法功能也相同。

这一类中还有一小部分特殊的用例，即两个疑问代词在前后项中的句法功能相同，但前后项的句法结构不同。如：

(14) 由于边上有好几个市场，像通信市场、钱江小商品市场什么的，人来人往，所以这家小店的老板脑子煞煞灵清，<u>什么菜好卖就卖什么菜</u>。

(15) 出版社步入市场经济，虽然不是完全的，但也要独立经营，不能再像以前那样依靠国家拨款，因此常常是<u>什么书畅销出什么书</u>。

例(14)的前后项分别为"什么菜好卖"和"卖什么菜"，"什么菜"为定中结构，"什么"做"菜"的定语，所以前后两个"什么"的句法功能相同。但第一个"什么菜"在前项作"好卖"的主语，第二个"什么菜"在后项作"卖"的宾语。例(15)"什么书畅销出什么书"可作同样的分析。

还有一小类是两个疑问代词的句法功能不同。

(16) 书的品种不断增加，从"剑桥中国史"一类大部头儿的学术书、《杨绛文集》等雅致的作品，到菜谱、火车时刻表，<u>什么好卖就卖什么</u>。

(17) 世界虽大，过的是小日子而已，<u>哪儿舒服去哪儿</u>。

(18) 国贸中心规定职工上班不许迟到，<u>谁迟到就处罚谁</u>，处罚之外还要通报。

例(16)-(18)中，由前后两个疑问代词所组成的结构相同，都是由主谓结构的前项加上动宾结构的后项所组成。其中，前项"什么好卖"、"哪儿舒服"、"谁迟到"中的疑问代词"什么"、"哪儿"、"谁"分别在其中作主语；后项"卖什么"、"去哪儿"、"处罚谁"中的"什么"、"哪里"、"谁"分别在其中作宾语。

4.4.1.2 特殊隔用疑问代词

特殊隔用指的是两个疑问代词前后相连，中间没有其他成分，其形式可表示为" … Wh1Wh2 … "。但因处于不同的结构，实际上还是隔用的句式。例如：

(19) 厂长手上仅有一只大哥大，<u>走到哪儿哪儿就是厂长室</u>。

(20) 就拿种养业来说，有些农民因种植经营对路发了财；有不少农民却屡屡碰壁，<u>种什么什么不赚钱</u>。

(21) 母亲和姐姐都铁青着脸，问<u>谁谁</u>说没看见。

(22) 不跟她吵，不跟她闹，倒头就睡，明天照旧出来拉车，她爱<u>怎样怎样</u>！

(23) 现在开始，你出局了，该重要的重要，不该重要的就<u>爱哪哪</u>。

上述几例都是疑问代词的特殊隔用形式，但例(19)-(21)和例(22)-(23)的结构却不同。在例(19)中，由疑问代词"哪儿"构成的前项为"走到哪儿"，"哪儿"在其中作宾语；疑问代词构成的后项为"哪儿就是厂长室"，"哪儿"在其中做主语。例(20)、(21)中的"种什么什么不赚钱"和"问谁谁说没看见"也是同样的结构。而例(22)、(23)的疑问代词后没有其他成分，看上去是"爱+怎样怎样"、"爱+

哪哪"的结构，实际上这是用于口语的一种省略现象。"爱怎样怎样"是"爱怎样就怎样"的缩略，"爱哪哪"是"爱去哪儿就去哪儿"的省略，表示一种随便、随意、无所谓的主观情绪。

4.4.1.3 汉语疑问代词表呼应指的特征

汉语疑问代词作为呼应指用法使用时，可出现于复句的不同分句，也可出现于紧缩句。不管形式上是隔用还是连用，实际上两个疑问代词都处于不同的层次结构。在语义方面，基本上都是前一个疑问代词表虚指或任指，后一个疑问代词呼应指前一个，两个疑问代词前后呼应，所指相同，用来指同一个人、同一件事物、同一个时间、同一个地点、同一种方式等。

4.4.2 对应形式

韩国语疑问词没有呼应指这种用法，汉语的相关表达往往要用其他形式来对应。如将汉语疑问代词所在的前项转换为定语来修饰与疑问代词相对应的名词、疑问代名词，而将疑问代词所在的后项转换为句子谓语部分；或者用某种特定的结构，如"名词/谓词的冠形词形+대로"或"名词/谓词的冠形词形+만큼"来表示。

4.4.2.1 谁

根据"谁"与动词在前后句中的位置关系，可得出"谁"表呼应指时主要有四种形式，分别为"谁VP1谁VP2"，两个"谁"在前后项中分别作主语；"VP1谁VP2谁"，两个"谁"在前后项中分别作宾语；"谁VP1 VP2 谁"，前一个"谁"作前项主语，后一个"谁"作后项宾语；"VP1谁谁VP2"，前一个"谁"作前项宾语，后一个"谁"作后项主语。其中，以"谁VP1谁VP2"形式最为常见。例如：

(1) 谁笑到最后谁才笑得最好。
마지막으로 웃는 자가 가장 잘 웃는다.

(2) 谁准备好了，谁就发言。
준비를 마친 사람이 발언을 한다.

(3) 让彼得见鬼去吧，那是我的钱，我想留给谁就留给谁。
피터 따윈 상관하지 마. 그건 내 돈이고 내가 원하는 사람에게 맡길 거야.

(4) 谁想去，我就带谁去。
가고 싶은 사람을 데리고 가겠다.

(5) 给谁谁都不收。
누구한테 줘도 (아무도) 받지 않는다.

上例中的(1)-(2)是"谁VP1谁VP2"形式，两个"谁"在前后项中分别作"笑"的主语和"准备、发言"的主语；例(3)是"VP1谁V2P谁"形式，"谁"在前项作"想留给"的宾语，在后项作"留给"的宾语；例(4)是"谁VP1 VP2谁"形式，前一个"谁"在前项作"想去"的主语，后一个"谁"在后项中作"带"的宾语；例(5)为"VP1谁谁VP2"形式，前一个"谁"作前句"给"的宾语，后一个"谁"作后句"收"的主语。

如果整个VP1 部分用A来表示，VP2部分用B来表示的话，表呼应指的"谁"所在句的句义一般为"A的人B"，如例(1)、(2)可分别相

当于"笑到最后的人笑得最好"、"准备好的人发言"；或句义为
"BA的人"，如例(3)相当于"留给想留的人"，例(4)相当于"带想去
的人去"。这种情况下的"谁"主要对应于韩国语指人名词"사람"
或"자"等。例(5)是形式上两个"谁"连用的紧缩句，相当于"不管
VP1谁，谁都VP2"，此时前一个"谁"对应于表示任指的"누구"，后
一个"谁"对应于"아무"或省略。

4.4.2.2 什么

"什么"表呼应指时，其形式多种多样。其中，最为常见的为
"VP1什么(，)VP2什么"，即"什么"在前后句/项中分别作动词宾
语；此外，"(VP1)什么NP1(，)(VP2)什么NP2"形式也较为常用，即
"什么"在前后句/项中分别作定语；另外，还有"什么VP1(，)VP2
什么"、"VP1什么，什么VP2"、"VP1什么NP1(，)VP2什么"等形式。
例如：

(1) 想吃<u>什么</u>就吃<u>什么</u>吧。
　　 어느 것이든 먹고 싶은 <u>대로</u> 다 먹어라.

(2) 又不是小孩子，哪能想起<u>什么</u>是<u>什么</u>。
　　 어린애도 아닌데, 어떻게 생각 나는 <u>대로</u> 마구 행동할 수 있는가.

(3) 这钱你喜欢<u>什么</u>就买点儿<u>什么</u>。
　　 이 돈은 네가 좋아하는 <u>것</u>을 좀 사라.

(4) 想去<u>什么</u>地方就去<u>什么</u>地方。
　　 가고 싶은 <u>곳</u>은 바로 간다.

(5) <u>什么</u>难治治<u>什么</u>，是游医医疗广告的一大特点。

난치병만 골라 치료한다는 것이, 떠돌이 의사들이 선호하는 의료 광고의 가장 큰 특징이다.

(6) 不能给人<u>什么</u>, 就<u>什么</u>都别问。
아무 것도 주지 않았으면, 달라고 하지도 마라.

(7) 我有<u>什么</u>工作就干<u>什么</u>, 只要是正当的。
합당하기만 한 일이라면 앞으로 생기는 어떤 일이라도 할 것이다.

上例中的(1)-(3)是 "VP1什么, VP2什么" 结构, 两个 "什么" 在前后句/项中分别作 "吃" 的宾语和 "想起、是"、"喜欢、买" 的宾语 ; 例(4)是 "VP1什么NP1VP2什么NP2" 结构, 两个 "什么" 分别作前后项中 "地方" 的定语 ; 例(5)是 "什么VP1VP2什么" 结构, 前一个 "什么" 作前项的主语, 后一个 "什么" 作后项的宾语 ; 例(6)是 "VP1什么, 什么VP2" 结构, 前一个 "什么" 作前句的宾语, 后一个 "什么" 作后句的主语 ; 例(7)是 "VP1什么NP1VP2什么" 结构, 前一个 "什么" 作前项的定语, 后一个 "什么" 作后项的宾语。

"VP1什么(,)VP2什么" 译作韩国语时, 一般可理解为 "按照所VP1的VP2", 此时 "什么" 可对应于 "는/은 대로" 结构, 如例(1)、(2) ; 有时也可直接对应于韩国语表事物的疑问代名词词 "뭣", 如例(3)、(6) ; 当后面修饰某一名词时, 往往对应于那个名词所表示的事物, 如例(4)中的 "곳"、例(5)中的 "병"、例(7)中的 "일"。

4.4.2.3 哪

"哪" 表呼应指时, 常用在量词前面, 构成 "哪个、哪样" 或 "哪件、哪天" 等。例如 :

148

(1) 你喜欢坐<u>哪个</u><u>座位</u>就坐<u>哪个</u>。
네가 앉고 싶은 <u>자리</u>에 앉아라.

(2) 你看中<u>哪个</u>就买<u>哪个</u>。
네가 보고 마음에 들면 <u>그것</u>을 사라.

(3) 超市里有很多水果，想吃<u>哪样</u>买<u>哪样</u>。
슈퍼에는 갖가지 과일이 있으니 먹고 싶은 <u>것</u>으로 사세요.

(4) 不能他要<u>哪样的</u>，你就给他<u>哪样的</u>。
그가 달라는 <u>종류</u> 대로다 줄 수는 없다.

例(1)中的"哪个"修饰后面的名词"座位"，句意可理解为"坐你喜欢的座位"，可对应于被修饰的名词"자리"。例(2)中的"哪个"和(3)中的"哪样指代其所修饰的名词，相当于韩国语表示事物的疑问代名词"것"。例(4)中的"哪样"指的是某一种类，相当于韩国语名词"종류"。

4.4.2.4 哪里、哪儿

表示呼应指时，前后两个"哪里/哪儿"可以构成多种形式，如"哪里/哪儿VP1，哪里/哪儿VP2"、"VP1哪里/哪儿，VP2哪里/哪儿"、"VP1哪里/哪儿，哪里/哪儿VP2"、"哪里/哪儿VP1，VP2哪里/哪儿"等。详见下例：

(1) <u>哪里</u>有烟，<u>哪里</u>就有火。
담배가 있는 곳에는 불이 있는 법이다.

(2) <u>哪里</u>有压迫，<u>哪里</u>就有反抗。

(3) 我到<u>哪里</u>，她跟到<u>哪里</u>。

내가 어디를 가든 그녀가 따라온다.

(4) 在哪儿跌倒就在哪儿爬起来。
   어디서 넘어지든 바로 일어나다.

(5) 他走到哪里, 哪里就出乱子。
   그가 가는 곳에는 꼭 문제가 만들어진다.

(6) 我在哪里哪里就是天堂。
   내가 있는 곳이 낙원이라.

(7) 哪儿需要就去哪儿。
   필요한 곳이면 어디든지 간다.

例(1)-(2)是"哪里VP1, 哪里VP2"结构, 句中两个"哪里"分别作前后句中动词"有"的主语；例(3)-(4)是"VP1哪里/哪儿(,)VP2哪里/哪儿"结构, 前后两个"哪里/哪儿"分别作前后句/项"到"、"跟到"和"在"的宾语；例(5)-(6)是"VP1哪里(,)哪里VP2"结构, 前一个"哪里"分别作前句/项"走到"、"在"的宾语, 后一个"哪里"分别作后句/项"出乱子"、"是"的主语；例(7)是"哪儿XY哪儿"结构, 前一个"哪儿"作前项"需要"的主语, 后一个"哪儿"作后项"去"的宾语。

上述例句的语义基本可归纳为"VP1的地方VP2"或者"VP2VP1的地方", 此处的"地方"相当于韩国语表处所疑问代名词"어디"或表处所名词"곳"。

4.4.2.5 多少

"多少"表呼应指时, 主要有两种结构, 一种是"VP1多少VP2

多少"，另外一种是"VP1多少NPVP2多少NP"。例如：

(1) 你想吃<u>多少</u>就吃<u>多少</u>。
    네가 먹고 싶은 <u>만큼</u>을 먹어라.

(2) 念<u>多少</u>记<u>多少</u>，那是不容易的。
    읽은 <u>만큼</u> 모두 외운다는 것은 쉬운 게 아니다.

(3) 他要<u>多少</u>钱就有<u>多少</u>钱。
    그는 원하는 <u>만큼</u> 돈이 있다.

(4) 你爱喝<u>多少</u>茶就喝<u>多少</u>茶吧。
    너는 차를 마시고 싶은 <u>만큼</u> 마셔라.

上例(1)-(2)是"VP1多少VP2多少"的形式，"多少"分别作前后项动词"想吃"、"吃"和"念"、"记"的宾语；例(3)-(4)是"VP1多少NPVP2多少NP"形式，"多少"分别作前后句名词"钱"和"茶"的定语。即"多少"在前后句中作相同的句子成分，具有相同的句法功能，主要对应于韩国语依存名词"만큼"。

4.4.2.6 怎么

"怎么"主要是通过"怎么VP1怎么VP2"或"X怎么VP1怎么VP2"的形式来表示呼应指功能。例如：

(1) 没事，<u>怎么</u>想就<u>怎么</u>说！
    상관 없으니까 생각하는 <u>대로</u> 말해!

(2) <u>怎么</u>说<u>怎么</u>答应。

뭐라 하든 말하는 <u>대로</u> 들어주다.

(3) 瞧这张照片，<u>怎么看怎么</u>奇怪。

이 사진 좀 봐. <u>아무리 보아도</u> 이상하거든.

(4) 他爱<u>怎么</u>干就<u>怎么</u>干，不关我事。

그가 하고 싶은 <u>대로</u> 하라고 하게, 나와는 아무 상관도 없으니까.

(5) 少说废话，让<u>怎么</u>做就<u>怎么</u>做。

잡소리 말고 시키는 <u>대로</u> 하렴.

例(1)-(3)为"怎么VP1怎么VP2"结构，其中VP1和VP2为不同的动词，如(1)是"想、说"，例(2)是"说、答应"，例(3)为"看、奇怪"。整个结构表示"按照所VP1的VP2"，如例(1)、(2)，可对应于韩语"… 하는 대로 … 하다"；例(3)语义可理解为"不管怎么VP1都VP2"，相当于韩国语"아무리VP1아/이/여도VP2"。例(4)-(5)为"X怎么VP1怎么VP2"结构，其中X主要为能愿动词(例4)或使动动词(例5)，前后项分别为"X怎么VP1"和"怎么VP2"，整个结构表示"按照所X的VP"，可对应于韩国语"… 하는 대로 … 하다"。

4.4.2.7 怎样、怎么样

"怎样、怎么样"表呼应指主要有三种结构，一种为"X怎样/怎么样VP1(就)怎样/怎么样VP2"，一种为"怎样/怎么样VP1，怎样/怎么样VP2"，另一种为"(X)怎样/怎么样(就)怎样/怎么样"。例如：

(1) 他们想<u>怎样</u>玩儿就<u>怎样</u>玩儿吧。

그들이 놀고 싶은 <u>대로</u> 놀라고 해요.

(2) 别人<u>怎样</u>做，你也<u>怎样</u>做吧。

남이 하는 <u>대로</u> 따라 하려무나.

(3) 爱不爱一个人真的不是我想<u>怎样</u>就<u>怎样</u>的。

누구를 좋아하고 안 좋아하고는 정말 제 마음<u>대로</u> 되는 일이 아니
네요.

(4) 不要假装正经，本来<u>怎么样</u>就<u>怎么样</u>。

점잖은 체하지 말고 생긴 <u>대로</u> 놀아라.

例(1)为"X怎样VP1就怎样VP2"结构，其中"X怎样VP1"为前
项，"怎样VP2"为后项，两个"怎样"在前后项中分别作动词"玩
儿"的状语；例(2)为"怎样VP1，怎样VP2"结构，其中"怎样"在前
后句中分别作动词"做"的状语；例(3)-(4)为"(X)怎样/怎么样就怎
样/怎么样"结构，两个"怎样/怎么样"在前后项中作谓语。

与"怎么"一样，"怎样、怎么样"表呼应指时，主要也是对应
于韩国语"… 하는 대로 … 하다"形式。

4.5 例指及其对应形式

4.5.1 例指

例指也称"列举"或"举例"，表示除了已列举项之外，还有一
些尚未列举的同类项，具有列举未尽的意思。同类项可以是词、短
语，也可以是小句。前人对疑问代词例指用法的研究较为少见，主
要是在讨论疑问代词非疑问用法时有所提及，亦或者是对由"什
么"组成的"X什么的"、"什么X"结构所进行的考察。

丁声树等(1961:167)在考察"什么"的列举用法时认为："数说许多事物，前面加个'什么'，表示不尽列举的意思，"…什么"或"…什么的"表示"…之类"，也是不尽列举的意思。

赵元任(1979)中曾论述："通常在列举一些东西后再加上轻声的可以当'等等'意思的'什么的'，指'等等'不带重音的'什么'也可以倒过来放在要数的东西前后"。

朱德熙(1982:90)认为："'什么'放在联合结构前边表示列举。例如：什么纸啊、笔啊、墨水啊，样样都有。'什么的'放在联合结构后头表示'等等'，例如：买了点纸啊、笔啊、墨水啊什么的。无论前置后置，'什么'都读轻声。"

邵敬敏(1996:232)认为例指性"什么"表示除了已列举项之外，还有一些尚未列举的同类项，具有列举未尽的意思。并认为它有两种基本格式"X(Y、Z…)什么的"和"什么X、Y(Z…)"

董晓敏(1998)分别从语表形式、句法功能、语里意义、语用价值等方面考察"X什么的"表列举的特点，认为"X什么的"是列举式的语值基础，其对整个结构的语义具有明显的规约作用：规约了X结构的列举未尽义，也规约了X的意域范围和覆盖面。

黄伯荣、廖序东(2011:30)也认为，"什么"可以用来表示列举未尽之意，或者后面加上"的"。例如：院子里种了各种蔬菜，什么豆角、茄子、西红柿，应有尽有。车厢里堆满了鸡鸭咸鱼什么的。"

王霞(2009)区分了"什么A1+A2+An"与"A1+A2+An什么的"表列举的异同，认为两个结构都具有"列举未尽"义。"什么A1+A2+An"在语用上强调列举项的代表性，列举项为单项时受到严格的限制，"什么"能概括已列举项和未列举项；而"A1+A2+An什么的"在语用上强调未列举项的类同性，"什么的"只概括未列举项。

李劲荣(2015)主要讨论"什么X"与"X什么的"这两种表列举形式在语义上的差别:"什么X"偏向于主观列举,且带有贬抑性;"X什么的"侧重于客观列举,不带感情色彩。

曹丹(2016)从结构单位、构造形式和内部形式入手对"X什么的"中列举项"X"进行描写分析,然后考察中古汉语和现代汉语列举式"X什么的"句法特点的异同,分析出"X什么的"具有穷尽列举和非穷尽列举的语义特征。

基于对语料库的考察我们发现,有例指用法的疑问代词主要为"什么","什么"表例指时常用于某种结构,以构式的形式出现,主要有以下六种形式:什么+X、什么+X+后附式助词、X+标记词+什么+(Y)、X+什么+的、前加式动词+X+什么+的、疑问代词的复现形式。

4.5.1.1 什么+X

在"什么+X"这一结构中,X既可以是体词或体词性短语,也可以是谓词或谓词性短语,有时还可以是小句。例如:

(1) 他们根本不知道秦以后还有汉朝,更不用说有<u>什么魏、晋</u>了。

(2) <u>什么野蒜、苦菜、树叶子</u>都可以佐餐。

(3) 不管是<u>什么专家、学者、作家、艺术家</u>,只要是党员,都不允许自视特殊。

(4) <u>什么甜蜜的爱情,美丽的人生</u>,下辈子再不信这些书上的鬼话!

(5) 我说我再见不到爸爸妈妈了吗？他们说，永远也见不到，而且<u>什么好吃的、好玩的、好看的</u>，你全不知道了。

以上五个例句都是X为体词或体词性短语的用例，其中例(1)-(3)中的X为名词，例(4)-(5)中的X为名词词组。另外，在这一结构中，X一般为两个或两个以上的列举项。如例(1)、(4)"什么"后都是两个列举项，分别为"魏、晋"和"甜蜜的爱情、美丽的人生"；例(2)、(5)中都是三个列举项，分别为"野蒜、苦菜、树叶子"和"好吃的、好玩的、好看的"；而例(3)的"什么"后有四个列举项"专家、学者、作家、艺术家"。"什么"在各句中均表示除了列举出的列举项以外，还有尚未列举的同类项。

(6) 一时间，社会上(包括新闻界)围绕着"双休日怎么过"的话题也多起来。<u>什么旅游啦、健身啦、购物啦、社交啦</u>沸沸扬扬，好不热闹。

(7) 到时候，<u>什么偷卦签儿呀，送像片呀，唱《窦娥冤》呀</u>，全都变成了小事一件 … 可是，并不掌握证据呀！现在只能说是找到了破案的线索。

(8) 昨晚上她哭，她妈也哭，将一串经验上得来的教训，拿出来赠给她—<u>什么对老人要忍耐点，对小的要和气点，什么事都要让着点</u>—好像生活就是靠容忍和让步支持着！

例(6)-(8)都是X为谓词性成分的用例，其中例(6)中的X为动词，例(7)中的X为动词词组，例(8)中的X为小句。同样，此时的X主要也是由两个或两个以上的列举项组成。如例(6)中是四个列举项，分别为"旅游、健身、购物、社交"；例(7)、(8)中是三个列举项，分别为"偷卦签儿，送像片，唱《窦娥冤》"和"什么对老人要忍耐点，对小的要和气点，什么事都要让着点"。

关于"什么+X"的语义，李劲荣(2015)认为，"什么+X"倾向于表达言说者对所列举项的贬抑评价，带有较明显的主观色彩[1]。我们认为在一些句子中，当同时出现某些主观性词语时，"什么X"确实倾向于表达挪揄、不屑、否定等主观意义。如例(1)中有"不知道"、"更不用说"，例(4)中有"不信"、"鬼话"等表否定、贬义的主观性词语，所以例(1)的"什么魏、晋"和例(4)的"什么甜蜜的爱情，美丽的人生"具有否定义。而如例(2)、例(6)就不带有贬抑的评价；特别是例(6)的"什么旅游啦、健身啦、购物啦、社交啦"因其后有"好不热闹"同现，反而具有积极的、肯定的意义。所以，对于这一结构的语义，我们比较赞成王霞(2009)的一"强调列举项的代表性[2]"这一观点。

4.5.1.2 什么+X+助词

"什么+X"结构还常常与后附式助词"之类、一类、等、等等、之流"等同现表例指。例如：

(9) 我皱了皱眉头，或者给我的表上了上弦，或者抚弄着我的<u>什么珠宝之类</u>。

(10) 我不认识<u>什么晚报之流</u>的小报记者，用不着，遇到受气事我有自己解决问题的方法，我在卫生防疫和工商税务方面有很

---

1) 李劲荣(2015)。

2) 王霞(2009)。

多朋友，他们总是能不事声张地仗住何商店低头，效果比登报还要好，来得快。

(11) 这样做，难免天下后世那些尖酸刻薄，毫无用处的无聊文人胡说几句什么借外国人的刀，杀中国人的头；胡乱比拟<u>什么秦桧、吴三桂之流</u>，外加一些不伦不类的废话。

(12) 但不要忘了，它们统统是人制造出来的，是由摸起来冷冰冰、有棱有角、实实在在的物质组成的，它们可不是<u>什么信息、虚拟一类</u>。

(13) 这些年来，北京附近大大小小开办了不少宠物市场，<u>什么鸟市、鱼市、爱犬乐园等</u>。

(14) 他跟我儿子聊了十到十五分钟。那时候我意识到我们之间有一种很特殊的关系。不去考虑<u>什么篮球、媒体、国际影响等等</u>。

与前一类所不同的是，当"什么+X"与"之类、之流、一类、等、等等"等搭配时，列举项主要为体词，可以是多项也可以是单项，如例(11)-(14)中的列举项是多项，而例(9)-(10)中的列举项为单项。当列举项为单项时，该列举项主要为表示某个类别的名词，如例(9)-(10)中，加在"什么"与"之类/之流"之间的分别为"珠宝"、"晚报"构成"什么+珠宝+之类"、"什么+晚报+之流"的结构。

在这一结构中，因有"之类、之流、一类"等助词的出现，所以更多的是表达言者不屑(例10)、蔑视(例11)、否定(例12)等语义。

4.5.1.3 X+标记词+什么+(Y)

这一结构指的是"什么"表例指时，往往带有标记词，标记词

主要有"还是、还有、又是"等。标记词在句中连接前面的列举项
和后面的"什么"或"什么+Y",列举项X一般为两项或两项以上,Y
为名词、一个列举项或几个列举项。

(一) X+还是+(其他/别的)+什么+(N)

(15) 邓小平紧紧握着希思的手说:"我们是老朋友了!"交谈中,
他对希思说,你是个多面手,是个政治家、体育家、音乐家,
可能还是其他什么家,了不起呵!

(16) 每一个中国人的青春和爱情总会有一些相同的记忆,无论你
我是在东京、北京、上海还是其他什么地方。

(17) 走过一条窄窄的通道,两边是花是树还是别的什么东西,我
都来不及辨清。

(18) 我不知道这种骄傲是来自我的家族、个人背景还是别的什
么。这件事无异于在我脸上狠抽了一记耳光。

以上都是标记词"还是"与"什么"同现表例指的用例,"还是"
连接的前项有两个或多个列举项,在"还是"和"什么"之间往往有
"其他"或"别的"这两个词,构成"还是其他什么(例15、16)"或
"还是别的什么(例17、18)"。而"什么"加上后面的名词所表示的意
思则是前面出现列举项的同类项,如例(15)"什么+家"可以表示
"文学家、教育家"等"政治家、体育家、音乐家"的同类项,例(16)、
(17)可类推。例(18)中的"什么"则直接做前面列举项"家族"、"个
人背景"的同类项。

（二）X₁+还有+什么+X₂

(19) 现在不少人讲风水, 闹迷信, 说神道鬼, 还有什么'意念传动'。

(20) 有溶洞、断层、流沙、瓦斯、泥石流、粉砂、硝盐; 还有什么"一线天"、"火焰山"、"水帘洞"。"地质复杂", 这句话完全止确。

(21) 一忽儿讲天津的洋楼有多高, 一忽儿讲天津的京戏有多好听, 还有什么女人要烫发呀穿高跟皮鞋呀, 结婚坐小汽车呀……。

"什么" 在与 "还有" 同现表例指时, "还有+什么" 前后都有列举项, 列举项可以是名词, 也可以是词组, 还可以是小句。如例(19)中, 前面的列举项是词组 "讲风水、闹迷信、说神道鬼", 后面的列举项是词组 "意念传动"; 例(20)中的列举项都是名词或名词词组, 其中, 前面的列举项是 "溶洞、断层、流沙、瓦斯、泥石流、粉砂、硝盐", 后面的列举项是 "一线天、火焰山、水帘洞"; 例(21)中的列举项都是小句, 其中, 前面的列举项是 "一忽儿讲天津的洋楼有多高、一忽儿讲天津的京戏有多好听", 后面的列举项是 "女人要烫发呀, 穿高跟皮鞋呀, 结婚坐小汽车呀"。

（三）X₁+又是+什么+X₂

(22) 大观园的厨娘柳氏说: "细米白面, 每日肥鸡大鸭子……吃腻了肠子, 天天又闹起故事来了, 鸡蛋, 豆腐, 又是什么面筋, 酱萝卜炸儿, 敢自倒换口味。" 柳氏这一番怨嗟, 恰好道出了人们欣赏文艺作品的心理规律。

(23) 中国诗文和老百姓嘴中有很多形容贫而瘦的穷人的话, 什么 "瘦骨嶙峋", 什么 "骨瘦如柴", 又是什么 "瘦得皮包骨头", 等等, 都与骨头有关。

"又是"与"什么"同现表例指的用例不多。例(22)中"又是+什么"连接前面的列举项"鸡蛋,豆腐"和后面的列举项"面筋,酱萝卜炸儿";例(23)中的"又是"连接前面"什么'瘦骨嶙峋',什么'骨瘦如柴'"两个列举项和后面一"什么'瘦得皮包骨头'"一个列举项。

4.5.1.4 X+什么的

"什么的"表例指时常放在列举项X之后,有"等等"之意。列举项X可以是一项,也可以是多项;可以是体词或体词性短语,也可以是谓词或谓词性短语。"什么的"可位于句末,也可位于句中位置。例如:

(24) 这第一位英雄,从排序看,他起码是个<u>副连长什么的</u>。

(25) 国内一些朋友来了电话,想让我们给带回一些韩日世界杯的纪念品,主要是<u>吉祥物、纪念邮票什么的</u>。

(26) 李忠诚和他非亲非故,却经常三十、五十元地接济他,时不时地给他捎些<u>药品、衣物、大米什么的</u>。

(27) 美丽的山坡上,抓一把都是珍贵药材,<u>藏红花、党参、冬虫夏草什么的</u>。

(28) 她说过,找对象,品格应放在首位,至于<u>长相、家境、文凭、地位、金钱什么的</u>,并不重要。

例(24)-(28)都是X为体词性成分的用例,其中的X为单项或多项列举项。如例(24)中的X为单项列举项"副连长";例(26)中的列举项为"药品、衣物、大米"三个列举项;例(28)中的列举项为"长相、家境、文凭、地位、金钱",多达五项。列举项较多的结构一般具有突出、强调的语义。如例(27)强调山坡上珍贵药材之多,例(28)则突出强调"她"找对象时对"品格"的重视,而对常人所看重的"家境、地位、金钱"等的不在意。

(29) 周六加班后,我一定在周日找时间弥补,比如陪孩子<u>逛逛公园、看看电影什么的</u>。

(30) "原来冬季的时候就是闲着,没事干就<u>喝喝酒,打打麻将什么的</u>。如今的农牧民们都在忙着种菜赚钱。"堆龙德庆县农牧局副局长刘军告诉记者,蔬菜生产基地项目的建设,直接让拉萨市民吃上经济实惠的"放心菜",也让当地的农民发家致富。

(31) 村约要求村民们<u>克己复礼,非礼勿视,非礼勿动,非礼勿做什么的</u>。

例(29)-(31)都是X为谓词性成分的用例。其中例(29)、(30)中的列举项都是两项,分别为"逛逛公园、看看电影"和"喝喝酒,打打麻将",列举项与"什么的"同现,都表达了一种闲适、轻松和愉悦。例(31)中的列举项为"克己复礼、非礼勿视,非礼勿动,非礼勿做什么的",列举项达到四项,说明村约对村民们的要求既多又严格。

4.5.1.5 V+X+什么的

"X+什么的"结构还常常与前加式动词"比如、诸如、譬如、像"等同现表例指。例如:

(32) 一刀切有两个可能，一是倒闭，一是不择手段搞钱，<u>比如卖版面什么的</u>。

(33) 居民自己的生活琐事有人管。<u>诸如更换煤气罐、搬运家具什么的</u>，只消给社区服务中心招呼一声，费用也不高。

(34) 他说孙四海打着勤工俭学的幌子，让学生每天上学放学在路边采些草药，<u>譬如金银花什么的</u>，交到一个叫王小兰的女人家里，积成堆后再拿去卖。

(35) 卖小商品的，<u>像香皂、牙膏、牙刷、牙签什么的</u>，原来都是在柜台上交现款付现货。

当"X+什么的"与前加式动词"比如、诸如、譬如、像"等同现表例指时，列举项可以是单项，也可以是多项，可以是体词性成分，也可以是谓词性成分。例如，例(32)、(34)中的列举项分别为单项"卖版面"和"金银花"；例(33)中的列举项为两项"更换煤气罐、搬运家具"；(35)中的列举项为四项"香皂、牙膏、牙刷、牙签"。其中，例(32)-(33)中的列举项为谓词性成分，例(34)-(35)中的列举项为体词性成分。

"X+什么的"与"V+X+什么的"表列举时，表示的都是举出较为典型的列举项，但还有未能列举出的X的同类项之意。

4.5.1.6 疑问代词的复现形式

某些疑问代词的复现形式也可表例指。如：

(36) 大家最近想听些什么方面的讲座啊？例如<u>科技、管理、前沿、就业什么什么都好</u>，给点意见呀

(37) 凭什么我一定要喜欢村上春树, <u>还是昆德拉, 还是博尔赫斯,</u>
<u>还是什么什么</u>, 或者是最近得诺贝尔奖的某某人。我为什么
不能喜欢苏东坡？

(38) 我作局长, 你便是局长太太；我撤了差, 你还是洗太太；等
我明天再弄上官, <u>又是什么什么太太</u>。这是你的命好, 没有
别的可说。

(39) "咋补？", "吃好吃的呀, <u>譬如炖老鸭, 焖牛肉什么什么之类</u>
的"。

(40) 穿布衣的共产党的领导干部少了。因为有了的确良、的卡、
<u>混纺、其他什么什么的</u>。

(41) <u>又有纱布, 又有棉花, 还有什么什么解毒散, 什么什么消肿</u>
<u>丸</u>, 我全都拿来了…。

以上各例都是疑问代词"什么"的复现形式"什么什么"表例
指的情况。"什么什么"表例指时, 与"什么"极为相似。例(36)是
"什么什么"不带任何标记词在句中表例指的用例, 与"什么"所不
同的是, 列举项不是在后面, 而是在"什么什么"之前；例(37)是标
记词"还是"与"什么什么"同现的例子, 且"还是+什么什么"前有
两个并列使用的列举项"还是昆德拉, 还是博尔赫斯"；例(38)是标
记词 "又是"与"什么什么"同现的用例；(39)是"什么什么"与后
附式助词"之类"同现的例子, 列举项在"什么什么"之前；例(40)
是"什么什么的"与"其他"同现表例指的情况。例(41)较为复杂,
首先是"又有纱布"、"又有棉花"和"还有什么什么解毒散, 什么
什么消肿丸" 成为并列的列举项；然后"还有什么什么解毒散, 什么
什么消肿丸"是由标记词"还有"与"什么什么"所构成的两个并列
列举项"什么什么解毒丸"、"什么什么消肿丸"结合而成。

除了"什么"以外，我们还查找到几例疑问代词"谁"的复现形式表例指的用例。例如：

(42) 街头巷尾议论"肯吃"的人也特别多。谁谁背着老婆烧"杠子"吃；谁谁偷玉米吃；谁谁劈柴时把里面的啄木虫拾起来烤着吃…。

(43) 然后，还要在坟前烧化一些阴币纸钱，一边烧，一边介绍仍活在阳世上的家人情况，如经济情况，日子过得怎么样，谁谁谁结婚了，谁谁谁生孩子了，谁谁谁离婚了，谁谁谁当上官了，谁谁谁考上大学了…总之，诉说一些让亡者放心的话。

(44) 尽管有时我也迷恋柴可夫斯基谁谁谁的，可我不喜欢一件乐器的单调声音，除了小号。

例(42)、(43)分别为三个"谁谁"和五个"谁谁谁"各加一个谓词性成分，形成连续列举项表例指的情况，并且列举项后都为省略号，有列举未尽之义。例(42)中的三个列举项为"谁谁背着老婆烧'杠子'吃，谁谁偷玉米吃，谁谁劈柴时把里面的啄木虫拾起来烤着吃"；例(43)中的五个列举项为"谁谁谁结婚了，谁谁谁生孩子了，谁谁谁离婚了，谁谁谁当上官了，谁谁谁考上大学了"。例(44)是"谁"的复现形式"谁谁谁"前有列举项"柴可夫斯基"，后加"的"表例指的情况，表示我所迷恋的人不只"柴可夫斯基"一人。

4.5.1.7 汉语疑问代词表例指的特征

汉语疑问代词中只有"什么"可单用表例指，且主要用于以下五种结构：什么+X、什么+X+助词、X+标记词+什么+(Y)、X+什么的、动词+X+什么的。此外，"什么"和"谁"的复现形式也用于表例指。其中，"什么什么"表例指时与"什么"大同小异；"谁"的复现形式表例指时，主要由"谁谁"或"谁谁谁"各加一个列举项形成并列列举项的形式或"谁谁谁"形成"X+谁谁谁+的"结构。

疑问代词表例指，不管处于何种位置，都有"列举未尽"之义，主要表示一种客观列举。此外，当句中出现主观性较强的词语时，这种列举就带有了主观色彩，主要表达言者对列举项所表内容的否定、不屑、蔑视等情感，这种情感贬义、消极、否定的居多，褒义、积极、肯定的较少。

4.5.2 对应形式

表例指是"什么"的典型用法之一。"什么"表例指时可位于列举项的前面，也可以以"什么的"形式位于列举项之后，主要可对应于韩国语表列举的助词、词尾、依存名词及其他一些形式。如：

(1) 什么游泳啦，溜冰啦，足球啦，他全都喜欢。
    수영이랑, 스케이트랑, 축구랑 그는 다 좋아한다.

(2) 什么衣服呀，水果呀，她上街什么都买。
    옷이며, 과일이며, 그녀는 거리로 나가 무엇이든 다 산다.

(3) 你去买回些苹果啦梨啦柿子啦什么的。
    사과하고 배하고 감을 사 오너라.

(4) 他就爱画个画儿、写个字什么的。
    그는 그림을 그리거나 글씨를 쓰는 것들을 좋아한다.

(5) 那个人总是闹腾着当家长呀、学习呀什么的。

그 사람은 가장 노릇하랴 공부하랴 늘 버둥거렸다.

以上是"什么"与多个列举项同现的用例。其中，例(1)、(2)中的列举项在"什么"的后面；例(3)、(5)中的列举项在"什么的"之前，各例句中的"什么(的)"主要对应于韩国语助词或词尾，如在例(1)-(4)中分别对应助词"-(이)랑"、"-(이)며"、"-하고"、"-들"；在例(5)中可对应词尾"-(으)랴"。再如：

(6) 随便买一点儿水果什么的就行了。
되는대로 과일 등을 조금 사면 돼요.

(7) 他就爱写写画画什么的。
그는 쓰고 그리는 것 등등을 좋아한다.

(8) 他就喜欢看文艺作品什么的。
그는 문예 작품 따위를 읽기 좋아한다.

例(6)-(8)中的"什么的"在单个列举项名词之后表例指。此时，"什么"主要对应于韩国语依存名词。如在例(6)中对应"등"，例(7)中对应"등등"，例(8)中对应的是"따위"。此外，"什么"表例指时，如句中列举项前有"如、像"等动词时还可对应"… 같은 것"结构。例如：

(9) 像铅笔、毛笔、水彩什么的都有。
연필, 붓, 수채화 도구 같은 것들이 모두 있다.

"谁"的复现形式表例指时，主要也是对应上述助词。例如：

(10) 尽管有时我也迷恋柴可夫斯基谁谁谁的，可我不喜欢一件乐
器的单调声音，除了小号。

나는 가끔 차이코프스키 등 음악가들을 미치도록 좋아하지만, 한
악기의 단조로운 소리가 싫다.

4.6 借指及其对应形式

4.6.1 借指

关于借指，前人大多将其与"虚指"归为一类，对二者不加区
分，因此对"借指"的专门研究较少。而即使有将这一用法单独归
类进行研究的，也是对其采用不同的名称。

最早提出"借指"这一术语的是邵敬敏(1996:236-237)。邵文在
讨论借指性"什么"时认为：借指性"什么"是临时借来替代某个
对象。从形式上讲，"什么"可以借指一个音节、一个词、一个词
组，甚至于一个句子或一段话；从意义上讲，"什么"借指的情况大
体上可分成三类：一是借指未知信息。说话人不能说，这是因为认
知上的缺陷，不知道某个字、词、句，为了使交际顺利进行下去，临
时用"什么"来替代一下这个话语障碍。二是借指特殊信息。说话
人不愿说，这是说话人明明知道但由于忌讳、不便等原因不想直率
地说出来，故借用"什么"来临时代替，以传递一种模糊的信息。三
是借指次要信息。说话人不必说，因为他认为主要信息已经传递，
而某次要信息不必具体说明，可以借用"什么"来替代。

鹿钦佞(2005:22)将此用法称为"借代"，因为"什么"在这种用
法中体现的是代词"代"的功能而非"指"的功能。

唐燕玲(2010:157)将这一用法称为"确指"用法，并认为：当连

用疑问代词与有定性标记词在同一个句子中共现时，在一个明示语境中，听话人根据说话人提供的有定性标记词，可以从语境中找到具有"有定性"特征的疑问代词所指称的实体，即能够从语境中找到明确加以确定的一个特定的人、物或一个特定的人、物的实际状况。

我们也认为，疑问代词在此种用法中主要体现的是"替代"的功能，虽然有时通过语境的作用被替代部分可以还原，但在被还原之前，疑问代词还是承担了"代"这一功能。因此，将疑问代词的这一功能称为"借代"更为合适。但为了名称的统一，在此暂将其称为"借指"。

本书所研究的"借指"，指的是当人们由于避讳、不便、或对某一信息一时想不起、说不清抑或是不想直说时，便会临时借用某一疑问代词来替代。一般来讲，借指的信息是说话人能确认的，因此只要说话人愿意，被替代部分基本可以还原。

在现代汉语疑问代词中，有借指功能的主要为"谁"和"什么"，"哪儿"也有个别用例。在表借指时，疑问代词主要与指示代词"那"、人称代词及数字"一"等语法成分同现。

4.6.1.1 与指示代词同现

"有定性"是指示代词的主要语义特征，因此，"那+疑问代词"结构是有定的。当说话人一时想不起要说的内容，可用"那+疑问代词"来替代，但替代的内容可随即出现；当说话人认为自己要说的内容听话人知道，而自己又一时想不起时也可用此结构；还有一种情况是说话人出于忌讳、不便等原因，不想直接说出要说的信息而用此结构来代替。

(一) "那+疑问代词" 后面出现指代信息

(1) 她从<u>那哪儿</u>回来, 那坦赞尼亚回来, 带回来的。

(2) 主食就是, 主食就是<u>那什么</u>, 小米儿、棒子、高粱, 大米白面没有。

(3) 这时, 珀赛尔太太突然问我:"你知道<u>那什么</u>吗, 弗兰基?""什么, 珀赛尔太太?""莎士比亚这么棒, 他一定是爱尔兰人"。

(4) 店老板问,"你想要什么?"因为有其他的顾客, 所以我就等了一会儿。但是店老板又问了一次, 所有的顾客也都看着我。"我吗?"我说,"我想要<u>那个什么</u>, 一把梳子, 梳头用。

(5) 赶到我独自下夜, 遇见贼, 你猜我怎么办?我呀!把佩刀攥在手里, 省得有响声; 他爬他的墙, 我走我的路, 各不相扰。好吗, 真要教他记恨上我, 藏在黑影儿里给我一砖, 我受得了吗?<u>那谁</u>, 傻王九, 不是瞎了一只眼吗?他还不是为拿贼呢!

在以上五个例句中,"那+疑问代词"所替代的信息句中都有体现。例(1)是疑问代词 "哪儿" 的用例, 例(2)-(4)是 "什么", 例(5)是 "谁"。例(1)的 "那哪儿" 指的是随后出现的 "坦赞尼亚"; 例(2)中的 "那什么" 指代后面的 "小米儿、棒子、高粱", 指代多个内容; 例(3)的 "那什么" 指的是后面 "莎士比亚这么棒, 他一定是爱尔兰人" 这件事; 例(4)的 "那个什么" 指代紧随其后的 "一把梳子"; 例(5)的 "那谁" 也是指代随后出现的 "傻王九"。

可见，"那+疑问代词"不仅可以指代单个词语、多个词语、词组，还可以指代句子。而疑问代词所指代的内容在疑问代词说出后随即出现。这表明，此时说话者对所要表达的信息只是因为提取障碍一时想不起而用"那+疑问代词"结构来临时替代，随后想起时又马上加以补充。

(二) 所指代的信息一时想不起或说不清

对疑问代词所指代的信息，说话者认为听话者知道或者应该知道，而自己又一时想不起时，便可用"这/那+疑问代词"来代替。

(6) 打更的倪三趔趄着脚步。从一条胡同里钻出来。大老远就喊吴摩西："<u>那谁</u>，你站住。"吴摩西站住，倪三斜睨着眼睛："当初你娶亲时，为啥不请我喝喜酒？看不起我老倪？"

(7) "你还和<u>那个什么人</u>谈恋爱呢？"

(8) "你现在还在<u>那什么</u>乐团么？""还在。""常演出？""很少。"

(9) 咱还是像在<u>那哪儿</u>那样睡一个床吧。

例(6)是"谁"的用例，例(7)-(8)是"什么"，例(9)是"哪儿"。例(6)的"那谁"指的是吴摩西，从后文"当初你娶亲时，为啥不请我喝喜酒？看不起我老倪？"可知，打更的倪三是认识吴摩西的，这里倪三喊吴摩西"那谁"，可能是因为一下子想不起名字所致。例(7)的"那个什么人"指代的是和听话者谈恋爱的人，发话者可能一时想不起那人的名字，但二者都知道那是谁。在例(8)中，说话人因一时想不起而用"那什么"来指代听话者所在乐团的名字，从接下来的对话可知，二人都知道这一乐团。在例(9)中，交谈双方以前在某个地方睡过一张床，所以这里"那哪儿"所指的地方两人都知道。

可见，在以上各例中，说话人用疑问代词来指代自己想不起或说不清的信息，但听说双方对疑问代词所指代的内容都非常清楚。

(三) 对所指代的信息不想、不便或认为没有必要说出

(10) 如果你对高飞当年的感觉要是没完全<u>那个什么</u>的话，还是不去为好。

(11) "老实告诉你，我忍了你多时了，我受过谁的气？和你结婚说句<u>那什么</u>的话，我的自尊心男子气概…" 我哽咽地说不下去了。

(12) 朱延清身穿浅驼色长衫，行动间露出笔挺的西服裤管，先向率队而来的<u>那什么人</u>的亲戚表示感谢，又和众人招呼，然后特到玹子面前。

以上三例中的"那个什么"、"那什么"、"那什么人"都是修饰性成分，指代不想说或觉得不便说出的信息。如在例(10)中，说话者知道对方当年跟高飞有过什么，认为对方如果现在对高飞还有意思，　对她还放不下的话就最好不要去，但又不好直说，所以用"那个什么"来指代"放下、消失"等内容。例(11)中的"那什么"可指代"不好听、不中听"等内容。在例(12)中，率队而来的人是某人的亲戚，而某人的身份或名字不便直接说出，便用"那什么人"来指代。

(13) 我在她<u>那个什么</u>车子旁边走了一会儿，一直送她到门口。

(14) 宋建平态度极其诚恳，"就像那谁说的，孩子那还不跟庄稼似的，哪儿水土肥沃，哪儿向阳利于生长就种哪儿。"

(15) 她大概是用繁华街道上的公共电话打来的。"这个礼拜天，也就是后天，我先和你见面，然后再去见另外那个谁。"

例(13)-(15)中的"那个什么"、"那谁"、"那个谁"主要指代说话人认为没有必要说出的信息。如例(13)中的"那个什么"指代的是"她"车子的牌子，"我"可能根本就不知那是什么牌子，也可能知道但觉没必要说出。在例(14)中，说话者要引用的是"那谁"说的一句话，至于"那谁"到底是谁，说话者认为没有必要说出。例(15)中的"那个谁"指的是"她"要去见的人，至于这人是谁，她认为没有必要说出。

(四) 疑问代词的复现形式

除单用的疑问代词以外，复用的疑问代词也能与指示代词同现表指代。如：

(16) 须知，这条恶狼早升任为那"什么什么政府"的"顾问官"了

(17) "娘把你交给你爹了，以后跟着爹好好过日子，要孝顺爹，要听那个什么什么阿姨的话…"

(18) 墨非不说什么转身走了，出了门又折回身，说："黛二，工作的事你找一找缪一吧，她公公是那个谁谁，那谁谁眨一下眼，缪一的户口就一路绿灯地进了北京。让缪一的公公帮你在本市找个工作还算什么难事。"

例(16)中的"那什么什么"指代政府的名字，说话者因不便直接说出，便用"什么什么"暗指"政府"的性质，暗示这"政府"不是光明正大的。例(17)的"那个什么什么"应该是指代阿姨的姓或名字，由上下文可知，说话者对那个"阿姨"应该很了解，应该知道那阿姨是谁，但却不说名字而用"什么什么"来替代，说明了说话者对那个阿姨取代自己位置的"愤恨"、"不满"与"无奈"。例(18)是"谁"的复用形式"谁谁"与指示词"那"的同现情况。从上下文可知，文中的"那个谁谁"和"那谁谁"指代的是同一人，都是"缪一的公公"，指代的信息在后句曾出现，并且是说话者和听话者都知道的。

4.6.1.2 与人称代词同现

人称代词主要指的是"你/您、我、他/她/它"。疑问代词"谁、什么"可与人称代词同现表借指。例如：

(19) 那是他不想让人知道他的秘密，不想将你公之于众，不想让人知道你是他的谁！

(20) 林涵，我知道我未曾是你的谁，也永远不会是你的谁，可你究竟是我的谁？

(21) 很多外国记者要来采访我，搞我的什么传，我都婉拒了。

例(19)、(20)分别是疑问代词"谁"与人称代词"他"和"你"的同现情况。例(19)中，说话者知道"你"和"他"的关系，清楚"你"是"他"什么人，但"他不想让人知道"，所以说话者也就没有直说，而用"他的谁"来代替"女朋友"、"相好的"这样的字眼。例(20)与此类似，"我"和林涵都清楚彼此的关系，但因没有挑明，所以"我"在此用"谁"来指代"女朋友"，"我"认为反正林涵也没把自己看成是女朋友，就避开了这个字眼。例(21)是"什么"与"我"的同现用例，"我"用"什么"来指代"传记"的名字，表明了谦虚和对此事不热衷的心态。

除了单用的形式以外，"谁、什么"的复现形式也能与人称代词同现表借指。例如：

(22) 本来，她的位子与赵国民是挨着的，可她说啥也不过去，她不愿意让人觉得她是谁谁谁的爱人。咱黄小凤就是黄小凤，这一回当工作队队长，一定得干出点样来，从而证实一下自己的实力。

(23) 我好喜欢歌曲结尾的时候她说她叫什么什么名字的那句话，好可爱哟！

例(22)是"谁"的复现形式"谁谁谁"的用例。从上下文可知，黄小凤和赵国民是爱人关系，而赵国民是个小领导，黄小凤不想和他坐在一起免得别人说闲话，好像自己当工作队队长是沾了赵国民的光。这里不直接说"赵国民"，而用"谁谁谁"来指代，既表明了黄小凤不想让别人知道他俩关系的心态。同时，三个"谁"也正好对应了赵国民的名字。

例(23)是"什么"复现形式"什么什么"的用例。"我"可能因为不记得或者认为没必要而用"什么什么"来指代"她"的名字。

4.6.1.3 与数字"一"同现

疑问代词"什么"、"谁"可与数字"一"同现形成"一+M+什么/谁+N"结构表借指，其中以"什么"的用例更为常见。例如：

(24) 有一天，我看到几百人在<u>一个什么</u>商店门外排成长长的大队，从早晨一直排到下午，我以为是排队买面包，一问竟是排队买汽油。

(25) 他就是失主，掏出名片，递过来，德子也没细看 — 反正是<u>一家什么</u>公司的董事长，问起他三个月丢失两辆轿车的细节。

(26) 在魏泓的叙述中，我感到她似乎有意隐瞒一种什么比她所讲述的故事更丰富也更令她兴奋的内容。她在我的注视下把目光移开。但是我发现她其实心里非常清楚她想要<u>一个谁</u>的孩子。

例(24)、(25)是"一+个/家+什么+N"结构，都表示认为"什么"所替代的信息不重要、没必要说出而用"什么"来替代。如例(24)的"一个什么"指代商店的名字，因说话者关心的是后面的内容，对商店的名字可能没看清也可能认为没必要说出而用"什么"；例(25)的"一家什么"指代公司的名称，"他"作为失主来报案，德子只关心案情，并不在意他名片上的公司名称。

例(26)中的"一个谁"指代魏泓喜欢的那个男人的名字，说话者应该知道此人的名字，出于不便而用"谁"来代替。

复现的"什么、谁"也能与"一"同现表借指。例如：

(27)"听说乡里专门成立了<u>一个什么什么</u>组，负责给我们送粮食、送水、送药。"记者了解到，刘同奇说的"什么什么组"，是乡长胡国荣挂帅的转移安置领导小组。

(28) 建国娘看中了村东<u>一个谁谁</u>家的姑娘，遭何建国一口拒绝。

例(27)中的"什么什么"指代乡里成立的小组的名字，由后文可知，是"转移安置领导小组"。记者开始来了解情况时，说话人只知道那个小组"负责给我们送粮食、送水、送药"而并不知道叫什么名字，因此用"什么什么"来替代。

例(28)中的"谁谁"指代那个"姑娘"家，具体应该是"姑娘"的父亲。因为目前在中国大部分地区，特别是农村，一家之主通常是男人，往往是一个男人代表一个家庭。

4.6.1.4 汉语疑问代词表借指的特征

有借指功能的汉语疑问代词主要为"谁"和"什么"，"哪儿"也有个别用例。表借指时，疑问代词主要与指示代词"那"、人称代词以及数字"一"等语法成分同现。与指示代词"那"同现时，主要有以下四种情况："那+疑问代词"后面出现指代信息；所指代的信息一时想不起或说不清；对所指代的信息不想、不便或认为没有必要说出；疑问代词的复现形式。能与人称代词同现的疑问代词只有"谁"和"什么"，且用例较少。能与数字"一"同现的疑问代词同样也是只有"谁"和"什么"，其中"什么"表现出较大的优势。

4.6.2 对应形式

4.6.2.1 谁

　　韩国语疑问代名词"누구"也有借指用法，并且也可以使用复现形式，但极少有两个以上的"누구"复现使用的情况。"谁"表借指时主要对应韩国语表借指的"누구"，偶尔也有其他对应形式。例如：

> (1) 还有 … 那个谁来着？龙国呢？
> 　　그리고 … 누구야? 용국이는요?
> (2) 我的朋友谁谁嫉妒心特别强。
> 　　내 친구 누구는 너무 질투가 많다.
> (3) 人们都在议论着他那篇论文是谁谁谁写的。
> 　　사람들은 모두 그의 그 논문은 누구누구가 쓴 거라고 의론하고 있다.
> (4) 那谁, 你过来一下。
> 　　거기, 잠깐 이리 와 봐.

　　由上例可见，例(1)-(2)中的"那个谁"和"谁谁"在韩国语中都对应"누구"，例(3)中的"谁谁谁"可对应"누구누구"，而例(4)中说话者可能不知道或忘记"那谁"的名字，但又离其不远，所以对应于韩国语时可以用代名词"거기"。

4.6.2.2 什么

　　韩国语疑问代名词"뭐"也有借指用法，并且有多种复现形式。

"什么"表借指时主要对应"뭐"或其复现形式，偶有也有其他对应形式。如：

(1) 嗯，那个<u>什么</u>，那个叫<u>什么</u>来着。
    저기, 그 <u>뭐</u>냐, 뭐라고 했는데.

(2) 这就是那个叫<u>什么什么</u>的女人给我的东西。
    이게 바로 그 <u>뭐</u>라는 여자가 준 거야.

(3) 那<u>什么什么什么</u>… 有个什么花园？
    그 <u>뭐뭐뭐</u>… 화원 같은 거 있었는데?

例(1)-(2)中的"那个什么"和"那个什么什么"都可对应韩国语"뭐"，例(3)中的"什么什么什么什么"对应韩国语时也可用"뭐"的复现形式"뭐뭐뭐"。

4.7 小结

本章我们主要考察了疑问代词的次边缘语义及其在韩国语中的对应形式。次边缘语义的特征表现为[-疑问]、[+指代]，即疑问代词在次边缘语义阶段不表疑问，只表指代。根据具体指代内容，可将疑问代词的次边缘语义分为虚指、任指、互指、呼应指、例指和借指。

虚指指的是疑问代词指代不确定、不肯定的人或事物，有时是不知道、想不起、说不出的，有时则是不愿说出或不必明说的。此时的疑问代词在语义上表现为"不定"，通常可将其理解为"某…"。疑问代词表虚指主要是用于非特指问句、否定陈述句和肯定陈述句。非特指问句指的是是非问句、选择问句和正反问句；否定陈述句指的是疑问代词与否定词"不、没(有)"同现于陈述句的情况；肯定陈述句指的是疑问代词与假设关系连词、具有"好像、推测"义副词等同现于陈述句的情况。

　　韩国语疑问词也有虚指功能，因此，汉语疑问代词可直接对应表虚指的韩国语疑问词。如4.1.2.1中的例(3)，4.1.2.2中的例(2)，4.1.2.3中的例(1)等。但与汉语疑问代词所不同的是，韩国语疑问词表虚指时疑问词本身会发生形态变化，这种变化主要表现为疑问词后加词尾"(이)ㄴ가"，可以说，这是韩国语疑问词表虚指的最典型的形态标志。如4.1.2.1中的例(1)，4.1.2.2中的例(8)，4.1.2.4中的例(2)等。此外，不同疑问代词在对应韩国语时也表现出不同的个性。　如"多少"表量多时可对应韩国语冠形词"온갖"或形容词"많다"的冠形词形"많은"(如4.1.2.5中的例(1)、例(2))，表量少时可对应韩国语副词"약간"、"다소"(如4.1.2.5中的例(3)、例(4))；"几"表量多时可对应韩国语"몇"加辅助词"(이)나"(如4.1.2.6中的例(1))；"怎么"与否定词"不、没(有)"同现表虚指时，相当于韩国语副词"별로, 그다지"后加否定形式(如4.1.2.7中的例(1)、例(2))；"怎样、怎么样"表虚指时主要构成"不怎样"、"不怎么样"的形式，可对应韩国语副词"별로"加否定词或形容词"되잖다, 평범하다, 형편없다"等(如4.1.2.8中的例(1)-(4))。

　　任指主要表示疑问代词在语义上指的是在所涉及的范围之内没有例外，指代全部和一切，可表示任何人、事物、地点、时间、数量、方式、性状、程度等。表任指的疑问代词通常出现于三种结构。一种是"无论/不论/不管/任/任凭+疑问代词"，一种是"疑问代词+都/也+(不/没)"，还有一种是"无论/不论/不管/任/任凭+疑问代词+

都/也/全/总/还/均”。

韩国语疑问词也能与某些语法成分同现表任指，这些语法成分主要为助词、词尾或者"助词+副词"。与助词同现的主要为疑问代名词、疑问数词，与词尾同现的主要为疑问谓词或由疑问体词、疑问冠形词、疑问副词组成的谓词结构。助词主要有辅助词"-(이)나, -(이)든지, -(이)라도"和"-도"，其中"-(이)나, -(이)든지, -(이)라도"表示"无论前面情况如何，对后面的内容都没有影响"，相当于汉语连词"不管、不论、无论"，"-도"附于疑问体词后，相当于"都/也"。词尾主要为连接词尾"-든지, -아/어도"，其语义为"在前面所表示的任何条件下，后面的结果都不变"。汉语疑问代词表任指时，主要对应韩国语疑问词与这些语法成分的同现形式。如4.2.2.1中的例(1)、4.2.2.2中的例(3)为"谁、什么"对应韩国语疑问词加"-(이)나"的形式，4.2.2.3中的例(1)、4.2.2.4中的例(1)、4.2.2.5中的例(1)是"哪、哪里/哪儿、多少"对应韩国语疑问词加"-(이)든지"，4.2.2.2中的例(4)是"什么"对应韩国语疑问词加"-(이)라도"4.2.2.2中的例(1)、4.2.2.3中的例(2)、4.2.2.4中的例(3)为"谁、什么、哪"对应韩国语疑问词加"-도"。另外，4.2.2.5中的例(2)、4.2.2.6中的例(1)-(2)、4.2.2.7中的例(1)-(2)、4.2.2.8中的例(1)-(3)为"多少、几、怎么、怎样/怎么样"对应韩国语疑问词与词尾"-아/어도"的同现形式，4.2.2.8中的例(4)-(5)为"怎样/怎么样"对应韩国语疑问词与词尾"-든지"同现的情况。

互指是由两个疑问代词一前一后构成，两个疑问代词不仅分别指代前文中提及的人或事物，还彼此互相指称。能表互指的疑问代词主要为"谁"，"哪个"也有少量用例。表互指时"谁、哪个"主要用于"谁+(也/都)+VP否定+谁"、"谁+X+谁"、"哪个+V+哪个"

三种结构，且可以指人、指事物，也可以指代动物，但所指对象不同。另外，表互指的结构要求句子的主语必须为两个或两个以上的参与项。当主语为两个参与项时，结构表达一种相互性；当主语为两个以上参与项时，结构表达一种交互意义。

韩国语疑问词也能表互指，但仅限于"누구"，并且只能指人，不能指代事物和动物。因此，当"谁"、"哪个"表互指并指代人时，可对应"누구"，如4.3.2.1中的例(1)-(2)和4.3.2.2中的例(1)。另外，当主语为两个参与项且指人时，疑问代词也可以直接对应"서로"而不出现"누구"，或者"누구"和"서로"同时出现，如4.3.2.1中的例(3)-(5)。

呼应指指的是这样一种情况，两个同形疑问代词前后相承，呼应着使用，前一疑问代词表虚指或任指，后一疑问代词呼应前面虚指或任指的指代内容，与其所指相同。疑问代词用于呼应指时，可出现于复句的不同分句(… Wh1 … , … Wh2 …)，也可出现于紧缩句(… Wh1 … Wh2 … , … Wh1Wh2 …)。不管形式上是隔用还是连用，实际上两个疑问代词都处于不同的层次结构。

韩国语疑问词没有呼应指这种用法，汉语的相关表达往往要用其他形式来对应。一种是，将汉语疑问代词所在的前项转换为定语来修饰与疑问代词相对应的名词、疑问代名词，而将疑问代词所在的后项转换为句子谓语部分。如4.4.2.1中的例(2)"谁准备好了，谁就发言"对应"준비를 마친 사람이 발언을 한다."就是将前项"准备好(준비를 마친)"作为定语来修饰"谁"所对应的"人(사람)"，将后项"谁就发言"转换为谓语"发言(발언을 한다.)"，即"准备好的人发言"。再如4.4.2.1中的例(4)、4.4.2.2中的例(3)、4.4.2.4中的例(6)等。另一种是，当呼应指结构为"想/爱/要/愿/喜欢(VP)

Wh1+(VP)Wh2"时，因前后VP相同，该结构可转换为"按照自己所'想/爱/要/愿/喜欢'的VP"或"VP'想/爱/要/愿/喜欢'VP的Wh"，主要可对应韩国语"VP+고 싶은+대로+VP"或"VP+고 싶은+Wh+VP"。如4.4.2.2中的例(1)例(4)、4.4.2.3中的例(1)、4.4.2.5中的例(1)例(4)、4.4.2.7中的例(1)。还有一种情况是前后项中的VP不同，此时，汉语呼应指结构可转换为"按照所VP1的来VP2"，可对应韩国语"VP1+대로/만큼+VP2"结构。如4.4.2.5中的例(2)、4.4.2.6中的例(1)-(2)

例指指的是除了已列举项之外，还有一些尚未列举的同类项，具有列举未尽之义。同类项可以是词、短语，也可以是小句，主要表示一种客观列举。但当句中出现主观性较强的词语时，这种列举就带有了主观色彩，主要表达言者对列举项所表内容的否定、不屑、蔑视等情感，这种情感贬义、消极、否定的居多，褒义、积极、肯定的较少。疑问代词中只有"什么"可单用表例指，并常用于这五种结构：什么+X、什么+X+助词、X+标记词+什么+(Y)、X+什么的、V+X+什么的。此外，"什么"和"谁"的复现形式也可表例指，"什么什么"表例指时与"什么"相似；"谁"的复现形式表例指时，主要在其后加上一个列举项形成并列列举项的形式(如例42-43)或用于"X+谁谁谁+的"结构。

韩国语疑问词鲜少有例指用法，表例指的汉语疑问代词"什么"根据同现列举项的词性而分别对应韩国语表列举的助词、词尾、依存名词等。首先，当"什么"或"什么的"与多个名词列举项同现时，主要对应韩国语"-(이)랑"、"-(이)며"、"-하고"、"-들"等助词，如3.5.2.2中的例(1)-(4)；当"什么的"与多个动词词组同现时，可对应词尾"-(으)랴"，如例(5)；而当"什么的"前接单个名词列举项时，"什么的"主要对应韩国语依存名词"등"、"등등"、"따위"等，

如例(6)-(8)；另外，如果句中列举项前有"如、像"等动词时，"什么的"还可对应"…같은 것"结构。如例(9)。

借指指的是当人们由于避讳、不便、或对某一信息一时想不起、说不清抑或是不想直说时，便会临时借用某一疑问代词来替代，所替代的信息一般是说话人可以确认的。现代汉语疑问代词有借指功能的主要为"谁"和"什么"，"哪儿"也有个别用例。表借指时，疑问代词主要与指示代词"那"、人称代词及数字"一"等语法成分同现。此外，"谁、什么"的复现形式也能表借指。

汉语借指主要是用"谁"、"什么"来替代某一信息，而韩国语疑问词"누구"、"뭐"也能表借指，因此"谁"、"什么"及其复现形式表借指时主要对应"누구"和"뭐"或其复现形式，如4.6.2.1中的例(1)-(3)、4.6.2.2中的例(1)-(3)。另外，当"那谁"用于叫一个人的时候，可对应于韩国语代名词"저기"，二者都可以表示不知道或忘记那人的名字。

第五章

疑问代词的边缘语义及

其韩国语对应形式

当疑问代词的语义特征表现为[-疑问]、[-指代]时，其语义扩展至边缘语义阶段。此时，疑问代词既不表疑问，也不表指代，即疑问代词很少或不再以客观事物为参照、以能指和所指为语义内容来表达客观意义，而是以自我为参照、从主体感知的角度来表达立场、态度和情感等主观意义。

根据主观化程度，我们将疑问代词的边缘语义分为反问、否定、感叹和话语标记四类。这四类语义从不同的角度来表现主观意义，其中，反问表示强调，否定表示主观立场，感叹表示主观情感，话语标记表示主观情感或态度。以下将对不同边缘语义逐个进行说明，并在此基础上考察其韩国语对应形式。

5.1 反问及其对应形式

5.1.1 反问

反问又称反诘，在现代汉语中应用广泛。关于疑问代词表反问，学者们观点基本一致。

吕叔湘(1944:290)认为："反诘实在是一种否定的方式：反诘句里没有否定词，这句话的用意就在否定；反诘句里有否定词，这句话的用意就在肯定。"

丁声树等(1961:162)指出："疑问代词的主要用处是询问，除了询问，疑问代词还有反问。反问还是用的问句的格式，不过并非不知而问。"

黄伯荣、廖序东(2011:123)认为："反问句也是无疑而问；明知故问，又叫'激问'。但它只问不答，把要表达的意思包含在问句里。否定句用反问语气说出来就表达肯定的内容，肯定句用反问语气说出来就表达否定的内容。"

朱德熙(1982)指出："有的句子形式上是疑问句，但不要求回答，只是用疑问句的形式表示肯定或否定。这种疑问句叫反问句。反问句的形式和意义正相反，肯定形式(即不带否定词的形式)表示否定，否定形式(即带否定词的形式)表示肯定。"

李宇明(1990:98)指出："特指形式反问句中的疑问代词不表疑问，而是用为任指、虚指、定指或相当于一个否定词。主要类型为A、任指加否定；B、定指加否定；C、虚指加否定；D、纯否定(即疑问代词相当于否定词或'没法')；E、笼统否定。有些句式可能只有一种理解，而有些句式可能有多种理解。"

刘钦荣(1995:85-88)中论述：当"哪"不表指别义，"哪里、哪儿"不表处所义时，由它们构成的问句一般都是反问句，后面常有"能、会、肯、还"等词，而且问句的谓语是"不+'就'类副词(包括'就、都、也、正')+VP"或者是"'能'类助动词(包括'能、会、肯')+不+VP"，并揭示疑问句和反问句在结构形式上的不同。

邵敬敏(1996:242)在讨论反诘性"什么"时指出："一般地讲，说反问句时，说话人已有明确态度，肯定形式表示否定意思，而否定形式表示肯定意思。'什么'出现在反问句中并不负载疑问信息，而只是起加重反诘语气、强化否定性质的作用。

刘月华(2004:101)也指出："疑问代词除表示疑问外，还可表示反问。反问句的形式与疑问句相同，但作用不同。反问句中虽然含有疑问代词，但并不要求对方回答。句中有否定词时，一般表达的是肯定的意思；句中无否定词时，一般表示否定的意思。"

范晓(1998:235)也对疑问代词表反问进行了概括："反问也叫反诘，是指说话人借用疑问句的形式，说明一个道理或事实，语气是疑问的语气，语意却是确信无疑的，反问的语句形式是肯定的，表达的意思是否定的；语句形式是否定的，表达的意思是肯定的。"

刘彬袁毓林(2017:15)认为：带有反通常性的上下文语境以及重音的位置、强弱，是特指问反问句形成的重要条件。反过来说，这种反常语境以及重音的位置、强弱就成为识别特指问反问句和理解其否定性意义的重要线索。

可见，特指问反问句并不表示真正的疑问，只是用疑问的形式表达说话者某种非常明确的看法，以显示特殊的语用效果。肯定的形式表示否定的意思，否定的形式表达肯定的意思。同样，疑问代词用于反问句时，也不负载疑问信息，只是起到加强反问语气、表达某种特殊感情的作用。

汉语疑问代词都可用于反问句，在表反问时，疑问代词通常出现于有特定上下文语境的句子并有能愿动词、副词、指示代词、否定词、补语等标记形式同现；也有少量只与标记形式同现，而没有上下文语境的情况；但却极少有无同现的标记形式，只出现于有上下文语境的用例。

5.1.1.1 与能愿动词同现

能愿动词也叫助动词，是动词中比较特殊的一类，位于主要动词前，表示可能、必要和意愿等意义。邵敬敏(2001:174)把能愿动词分为三类：一是表可能(包括：能、可、会、能够、可能、可以)，二是表必要(包括：得、应、该、应该、应当)，三是表意愿(包括：愿、想、要、肯、敢)。疑问代词表反问时，主要与表可能和表意愿的能愿动词同现。

(1) 以这样急功近利的心态写剧本，怎么能把剧本写好？

(2) 她还是个孩子，心理上尤其是。她哪里能懂得这些？

(3) 那么，面对贵族学校的高薪诱惑，谁能保证这种状况不会扩大？

(4) 世间一辈子半辈子活过来的人那么多，能摊上个第一的，能有几个？

例(1)-(4)分别是疑问代词"怎么、哪里、谁、几"与能愿动词"能"同现的用例。如疑问代词后面直接加能愿动词用于肯定式反问句时，表示的意思为"不能"，如上例(1)的意思为"不能把剧本写好"，(2)的意思是"她不能懂得这些"，例(3)是"谁也不能保证"；如疑问代词与能愿动词之间有动词"有"时，表反问的意思则为"没有+疑问代词"，如例(4)意思为"没有几个"。在能愿动词中，"能"与疑问代词的结合能力最强，能与所有疑问代词同现表反问。

(5) 有他们这些人在，还会有什么严厉的制裁？

(6) 不做俗人，<u>哪儿会</u>知道这般乐趣？

(7) 在这样一种刚性压力下，三特的经营者<u>哪敢</u>稍有懈怠？

(8) 没有你们就没有我和这个家，我<u>怎么敢</u>忘恩负义呢？

(9) 面对着世俗，面对着　堵堵旧观念的樊篱你<u>敢怎么样</u>？

(10) 腿都跑断了，嘴也说烂了，<u>有谁肯</u>理会呢？

例(5)-(10)是能愿动词"会、敢、肯"与疑问代词同现表反问的
情况。疑问代词"什么、谁、哪里、哪儿、哪、多少、怎么"表反问
时也常与这三个能愿动词同现。同现时，其语义要么为"不+能愿
动词"，如例(6)意思是"不会"，例(7)为"不敢"；要么是"没+有"，
如例(5)是"没有什么"。

除"能、会、敢、肯"以外，"愿意、可能、要、想"等能愿动词也
可以与疑问代词同现表反问，但用例较少。如：

(11) 在经常堵车的京城，<u>谁愿意</u>憋在进退两难的车里花冤枉钱
呢？

(12) 要不是有真才实学，<u>怎么可能</u>这样出名呢？

(13) 男子汉大丈夫，靠的是自己的能力和勤奋，<u>哪要</u>靠什么女人
呢？

(14) 想了想，我对她说："我<u>哪里想</u>管这些事？"

能愿动词中，疑问代词常与"能、会、敢、肯、愿意、可能"等
搭配来表示反问，其中，与"能、会"的搭配最为普遍。

疑问代词都能与能愿动词同现表反问。其中，"怎么"与能愿

动词的结合范围最广、结合能力最强, 用例也最多; "哪" 类词也常与能愿动词同现, 其中, 与 "能" 同现的用例最多; "谁" 与 "能、敢、会" 同现表反问的用例都比较多; "什么" 与能愿动词的结合范围也较广, 但用例都不是很多。

5.1.1.2 与副词同现

疑问代词表反问时, 常与副词 "又"、"还" 同现。"又" 有强调反问的作用, 其强调效果往往是通过突出两种对立的情况表达出来的, 在句中常可省略; "还" 有 "仍然、持续、继续" 的意思, 与疑问代词同现表反问时也还是含有 "动作、状态持续" 之义, 常表不解、责难、禁止等语义, 在句中一般不能省略。例如:

(1) 家庭如此, 机关企事业单位又怎样呢?

(2) 薛冰用眼角瞟着他道: "你在屋里又怎么样? 难道我还怕你?"

(3) 爱美之心人皆有之, 在赛场上尽显自己的个性又有什么不可以呢?

(4) 然而, 在众多的参加各种班学习的学生中, 又有多少学有所成呢?

(5) 全台都在谈乐透, 每个人都希望最幸运的人是自己, 无论开奖结果如何, 真正能 "乐透" 的又有几人?

例(1)-(5)是疑问代词与副词 "又" 同现的用例。例(1)、(2)中 "又" 后面直接加疑问代词, 例(3)-(5)的疑问代词属体词性成分, 因此在"又"与疑问代词之间加有动词"有"。

(6) 若干年后中国如果没有一大批自己的名牌，中华民族<u>还怎样</u>去谈在经济上自立于世界民族之林的话题？

(7) 灵芝说："治好了就算治好了吧，<u>还怎么样</u>？难道还希望他再坏了？"

(8) 如此触目惊心的事情发生在利辛，作为利辛县委书记，他<u>还有什么</u>面子？

(9) 一个人有再大的权力，再多的财富，再高的智慧，如果没有去学会关怀别人，去爱别人，那他的生命<u>还有多少</u>意义呢？

(10) 连自己的生命都得不到保障，<u>哪还</u>有心情买花呢？

(11) 这个特定的时间里，按照自然规律，<u>哪里还</u>有月光呢？

(12) 试想，同这样富有气魄的企业家打交道，<u>谁还</u>有后顾之忧呢？

(13) 别人都在往外撤，你们<u>怎么还</u>往里冲？

例(6)-(13)是疑问代词与副词"还"的同现用例。二者同现时，"还"可在疑问代词前面，如例(6)-(9)；也可在疑问代词后面，如例(10)-(13)。"还"在疑问代词后面时，二者一般是连用形式，如例(10)-(13)中的"哪还、哪里还、谁还、怎么还"；"还"在疑问代词前面时，二者可直接连用，如例(6)、(7)；也可在二者之间加动词"有"，如例(8)、(9)。

除了"又"和"还"以外，疑问代词还可与副词"就、偏偏、总是、老是"等同现表反问。此时，语义中常带有责怪、埋怨或不满。例如：

(14) 人家说着玩儿的，你<u>怎么</u><u>就</u>认起真来了？

(15) 这么简单的道理，你<u>怎么总是</u>不懂？

例(14)中，"怎么"与"就"同现含有责怪义。例(15)中，副词"总是"后接否定形式，强调了说话者埋怨、不满的态度。

5.1.1.3 与否定词同现

疑问代词与否定词同现表反问时，都位于否定词之前，否定词为"不"和"没(有)"。例如：

(16) 公司里<u>谁</u><u>不</u>知道我已经结婚五年了啊？

(17) 老人很肯定："<u>怎么</u><u>不</u>够用呢？钱，多有多花，少有少用，够用的！"

(18) 马家军运动员破世界记录都能，你何总经理提的这件事有<u>什么</u><u>不</u>能？

例(16)-(18)是疑问代词与否定词"不"同现表反问用例，常见的疑问代词有"谁、怎么、什么"，其中"谁"与"不"同现表反问时后面常加"知道、明白、清楚、懂"等动词。

(19) 我<u>怎么</u><u>没</u>想到呢？

(20) 唉，<u>谁</u><u>没</u>有年轻的时候呢？

(21) 这种人多的是，<u>哪儿</u><u>没</u>有？我见得多了。

(22) 天上飞的，地上跑的，水里游的，山上跳的，天南海北的珍禽异兽，<u>什么</u>没吃过？

(23) 中央高级领导中，有<u>几个没有</u>种过地？

例(19)-(23)是疑问代词与否定词"没(有)"同现表反问的情况，常用的疑问代词有"怎么、谁、哪儿、什么、几"。

5.1.1.4 与指示代词同现

汉语最基本的指示代词有两个，一个是表示近指的"这"，另一个是表示远指的"那"。此外，还有由"这"和"那"组成的"这个、这种、这样、这么"及"那个、那种、那样、那么"等。为便于论述，本书将"这"及其组成的"这个、这种、这么、这样"称为"这"类词，将"那"及其组成的"那个、那种、那么、那样"称为"那"类词。疑问代词可与"这"类词和"那"类词同现表反问。例如：

(24) 使用商标上较个真儿，<u>这</u>有<u>什么</u>错？

(25) 又要马儿好，又要马儿不吃草，世界上<u>哪</u>有<u>这样</u>的道理！

(26) 在这个媳妇的眼里<u>哪儿</u>有我<u>这个</u>婆婆？

(27) 唉，<u>这怎么</u>行呢？堵住人的嘴，不让人说话，比堵住河流还要危险哪！

(28) 我是父母的掌上明珠，虽出身在小家碧玉门第，但享受的却是大小姐的待遇，<u>哪里</u>受过<u>这样</u>的苦？

例(24)-(28)是疑问代词与"这"类词同现表反问的情况。"哪里、哪儿、哪、怎么"与"这"类词同现时常用于表反问，如例

(25)-(28)；疑问代词"什么"也可与"这"类词同现表反问，如例
(24)。

(29) 一手交钱一手交货不就行了，只要别少给我货就行，<u>哪</u>那么
多麻烦！

(30) 再说，我们三家生意都不好，<u>哪儿</u>有<u>那么</u>多钱拿给你呢？

(31) 殊不知，12亿人口的大国，即使有了钱，<u>哪里</u>有<u>那么</u>大的粮
食市场来供应？

(32) 胡杏想都没想就说："<u>那</u>有<u>什么</u>难的？因为的因，下面加个
心字。"

(33) 外国投资者有这些意见，我能理解。投资不赚一点钱，那不
可能，<u>那谁</u>来呀？

(29)-(33)是疑问代词与"那"类词同现表反问的用例。"哪、哪
里、哪儿"常与"那"类词同现表反问，如例(29)-(31)；"什么、谁"
也可与"那"类词同现表反问，如例(32)-(33)。

可见，能与指示代词同现表反问的疑问代词主要有"哪、哪儿、
哪里、怎么、什么、谁"，其他疑问代词的同现用例则极为少见。

5.1.1.5 与动补结构同现

疑问代词还可与动补结构同现表反问，其中，以可能补语居
多。例如：

(34) 才到家，气也不让喘一口，就像审贼一样审起来了，<u>谁受得了</u>？

(35) 小群要留我吃饭，我怎么吃得下去？

(36) 一个星期哪看得完？

(37) 而这时的刘兆栾，哪儿还顾得上自己的家？

(38) 我们心急如焚，哪里呆得住？

在以上各例中，例(34)是"谁+受得了"，例(35)是"怎么+吃得下去"，例(36)是"哪+看得完"，例(37)是"哪儿+顾得上"，例(38)是"哪里+呆得住"。能与补语搭配来表反问的疑问代词主要有"谁"、"怎么"及"哪"类词。

5.1.1.6 与多种标记成分同现

疑问代词虽能与"能愿动词、副词、指示代词、否定词、动补结构"等同现表反问，但更为常见的是与多种反问标记同时出现。例如：

(39) 面对家人的强烈反对，领导的蓄意挽留，朋友的好意劝阻，他除了怀有一个坚定的信心外，还能有什么呢？

(40) 大喜大悲固然曲折跌宕，吸引每个人的注意力，可又有谁能拒绝平凡呢？

(41) 人们发出一阵阵惊叹：今后谁还敢吃药？

(42) 进商店的人，又能见到多少贵州的轻纺产品呢？

(43) 如今，儿子铁了心要办学，做父母的还能怎么样？

(44) 人生在世，谁能没有忧愁和烦恼呢？

(45) 她们是最好的朋友，出了这么大的事，她怎么可能不露面？

(46) 然而你卖我买, 谁又奈何得了呢？

(47) 但当时那种情况下, 我哪还顾得上选择频道。

(48) 想不到这位老板说："大多数人都想这样做, 但又有几个人这样做了？"

(49) 就算这些都是我做的, 那又怎么样？

(50) 对比之下, 就不免汗颜了, 如今写书的, 有几个能像鲁迅读过那么多书？

(51) 天哪！是真的？她几乎不能相信, 哪会有这种事呢？

(52) 就中国农村目前的经济状况, 有多少农家拿得出这么多钱呢？

(53) 死都无所畏惧, 还有什么不可舍的呢？

上述例(39)-(43)是疑问代词与副词"又、还"及能愿动词的同现形式；例(44)-(45)是疑问代词与能愿动词、否定词的搭配；例(46)-(47)是疑问代词与副词、可能补语的连用形式；例(48)、(49)是疑问代词与副词、指示代词的同现；(50)、(51)是疑问代词与能愿动词、指示代词的同现；例(52)是疑问代词与可能补语、指示代词的同现；例(53)是疑问代词与副词、否定词同现表反问的情况。

5.1.1.7 疑问代词表反问的特征

由以上论述可见, 疑问代词表反问时, 通常是既与标记形式同现, 又有上下文的提示信息。标记形式主要为能愿动词(特别是"能、会、敢、肯")、副词(还、又)、位于疑问代词后的否定词"不、没(有)"、指示代词("这"类词、"那"类词)及动补结构等, 这些是疑问代词表反问的形式标记, 我们可称其为疑问代词反问标记。疑问代词与能愿动词同现表反问时，"怎么"与能愿动词的结合范围最广、结合能力最强，用例也最多；"哪"类词与"能"同现的用例最多；"谁"与"能、敢、会"同现表反问的用例都比较多；"什么"与能愿动词的结合范围也较广，但用例都不是很多。疑问代词还常与副词"还、又"同现表反问。其中，"又"有强调反问的作用，在句中可以省略，而"还"在反问句中大都是不能省略的。疑问代词在与否定词同现表反问时，否定词"不、没(有)"都位于疑问代词之后，表反问的疑问代词主要有"哪、哪儿、哪里、怎么、什么"。常与指示代词同现表反问的疑问代词主要有"哪、哪儿、哪里、怎么、什么、谁"。此外，疑问代词还常与动补结构同现表反问。与单个反问标记同现情况相比，疑问代词表反问时更常与多种标记同时出现。另外，在疑问代词中，"哪、怎么"最常用于表反问，其次是"哪里、哪儿"，再次是"谁、什么"，"怎么、怎样、几、多少"偶见表反问用例。

上下文的提示信息指的是这样的情况，如例(2)的语境中给出了"她还是个孩子，心理上尤其是"的前提信息，在这样的情况下，说话人对"她是否能懂得这些"表示怀疑，因而使用反问形式"她哪里能懂得这些？"对此进行质疑，进而进行否定性推测：不相信她能懂，即相信她不能懂。不管是"不相信她能懂"，还是"相信她不能懂"，都具有否定意义，最终使得该反问句显现出否定意义，即"她不能懂得这些"。余例可类推。极少数用例虽没有上下文语境的提示，但因为有"否定词、指示代词、动补结构"等标记的同现，疑问代词在此也可表示反问，如例(19)、(22)、(36)。

至于疑问代词所形成反问句否定意义的来源，胡德明(2010:183-185)曾这样论述：特指型反问句否定语义的来源有三种情况：(一) 疑问代词所代替的人、事物、原因等，在说话人看来，在语境中并不存在；(二) 说话人主观上认为疑问代词指称对象与受话人对疑问代词的指称对象的理解完全不同或刚好相反；(三) 说话人心目中对某类事物或某种行为有了一个标准，预先设定某个事物或行为远远达不到这个标准，再故意对该事物或行为提问，以说明它不符合这个标准，从而产生否定意义。我们基本赞同这一观点，由于此部分内容不是本书重点，在此不做过多赘述。

5.1.2 对应形式

侯文玉(2014:166-173)认为，除 "얼마，어느" 以外，韩国语疑问词都具有反问功能。因此，汉语疑问代词表反问时主要对应于韩国语疑问词。

5.1.2.1 谁

"谁" 用于反问时常与能愿动词、副词、否定词、指示代词、动补结构以及多种标记成分同现。例如：

(1) 你要是做不了谁还能做得了？
     자네가 못하면 누가 하나?

(2) 谁敢干那种事？
     누가 감히 그런짓을 하겠느냐?

(3) 谁又会了解我的心？
     누가 내 맘을 알아줄까?

(4) 谁愿意受委屈呢？

누가 억울함을 당하길 바라겠니?

(5) 村里谁不知道他的人气

마을에서 누가 그의 성품을 모르겠는가.

(6) 谁没有七情六欲？

사람이라면 누가 욕망과 감정이 없겠는가?

(7) 如果所有的事都可以预测的话，那谁还会担心未来呢？

모든 일이 예측 가능하다면 누가 미래를 걱정하겠습니까?

(8) 不管三七二十一就是大喊大叫的，而且百般威胁，这谁能受得了？

막무가내로 소리 지르고 온갖 협박을 하는데 누가 당하겠습니까.

(9) 这么多的饭谁吃得了？

이 많은 밥을 누가 다 먹는대?

(10) 哼，谁信你！

흥, 누가 너를 믿겠어!

能愿动词中，"谁"常与"能、敢、会"同现，如例(1)-(3)；副词主要与"还、又"同现，同现时往往还有其他标记成分，如例(1) "还"后面有能愿动词"能"和动补结构"做得了"，例(3) "又"后面有能愿动词"会"；"谁"还常与否定词同现表反问，如例(5)-(6)，与"不"同现时，后面常加"知道、明白、清楚、懂"等动词；与指示代词"这、那"同现时，一般也要有其他标记成分，如例(7)中还有副词 "还"和能愿动词"会"，例(8)中还有能愿动词"能"和动补结构"受得了"；"谁"可直接与动补结构同现，如例(9)；"谁"还可以在没有任何其他标记形式的帮助下，通过语气直接表示反问，如例(10)。

由上例可见，"谁"表反问都是以主语形式出现在句中，相当于韩国语表人疑问代名词"누구"的主格形式"누가"。

5.1.2.2 什么

"什么"用于反问时，可以与能愿动词、副词、否定词、指示代词以及多种标记成分同现，未发现与动补结构同现的用例。例如：

(1) 像你这种窝囊废能干什么事？
　　당신 같은 두루뭉수리가 뭘 하겠나?

(2) 你以为你会有什么办法吗？
　　너라고 뭐 별수 있을 것 같아?

(3) 事后着急还有什么用呢？
　　일이 벌어진 뒤에 안달한들 무슨 소용이 있겠니?

(4) 你在这里干着急，又有什么用呢？
　　네가 여기서 공연히 애만 태우고 있으면 무슨 소용이 있느냐?

(5) 接受那建议有什么不好？
　　그 제의를 받아들이면 무엇이 나쁩니까?

(6) 我随你走南闯北，什么场面没见过？
　　내 당신을 따라 각지를 돌아다니며, 무슨 장면인들 못 보았겠소?

(7) 这有什么笑头？
　　이게 뭐 그리 우습냐?

(8) 那有什么难的？对你来说还不是小菜一碟么！
　　어려울 게 뭐가 있어, 너한테는 식은 죽 먹기지!

(9) 但是政党每隔4、5年就会改变，还能有什么意义？
　　그런데 정당이 4, 5년 만에 바뀌니 무슨 의미가 있겠는가?

(10) 为了你, 我还有<u>什么</u>不能做的！

널 위해서라면 내가 <u>무엇</u>인들 못 하겠느냐!

(11) 抱怨有<u>什么</u>用？

애원한들 <u>무슨</u> 소용이 있는가.

　　例(1)-(8)分别为"什么"与能愿动词(例1-2)、副词(例3-4)、否定词(例5-6)、指示代词(例7-8)同现的用例, 例(9)-(10)为与多种标记成分同现的情况。其中, 例(9)是副词"还"和能愿动词"能", 例(10)为副词"还"与否定词"不"。此外, "什么"也可以通过语气直接表达反问, 如例(11)。

　　由上述例句可见, "什么"表反问时, 除了与各种标记成分同现以外, 其本身会形成"什么+NP+VP"(例6)或"VP+什么+NP"(其他例句)结构。两个结构中的VP与NP在语义上均为动宾关系, VP主要为动词"有"。

　　"什么"表反问时, 主要对应于韩国语指代事物的疑问冠形词"무슨"或疑问代名词"무엇(뭐)", 二者在韩国语中也都具有反问功能。

5.1.2.3 哪

　　"哪"表反问时基本单用, 能与能愿动词、副词、否定词、指示代词、动补结构以及多种标记成分同现。例如：

(1) 常在河边走, <u>哪</u>能不湿鞋？

늘 강가에서 거니는데, <u>어찌</u> 신발이 젖지 않을 수 있겠나?

(2) 正在劲头上呢, **哪**肯罢手啊！

한창 흥이 나는데 <u>어디</u> 그만두려고 하겠는가!

(3) 事太忙, **哪**还有空闲聊？

일이 바쁜데 잡담할 시간이 <u>어디</u> 있나?

(4) 跟我一样的**哪**没有啊。

나 같은 사람 <u>어디</u>에 없나요.

(5) 胡扯, 世上**哪**有这种事儿！

터무니없는 소리, 세상에 <u>어디</u> 그런 일이 있어!

(6) 他**哪**有那个本事, 都是他胡吹的。

그가 <u>무슨</u> 대단한 능력이 있어, 모두 허풍이야.

(7) 这么**些**菜, **哪**吃得了啊？

이렇게 많은 요리를 <u>어떻게</u> 다 먹을 수 있느냐？

(8) 他天天和**一些**不务正业的人厮混, **哪**还能学得好？

그는 매일 변변한 직업도 없는 이들과 함께 지내니, <u>어떻게</u> 공부를 잘 할 수 있겠어.

(9) 俗话说, 饱汉不知饿汉饥, 你**哪**知道我的苦楚。

속담에 배부른 사람은 배고픈 사람의 사정을 모른다는 말이 있듯이, 당신이 <u>어떻게</u> 내 고초를 알 수 있겠는가.

能愿动词中, "哪" 常与 "能、肯、敢、会" 同现, 如例(1)-(2)；副词主要与 "还" 同现, 如例(3)；否定词主要与 "没有" 同现, 如例(4)；与指示代词 "这、那" 同现时, 主要是与 "这、那" 所构成的 "这种/个、那种/个" 同现, 如例(5)、(6)；"哪" 还能与动补结构同现, 如例(7)；例(8)是 "哪" 与多种标记形式同现的用例, 多种标记形式有副词 "还"、能愿动词 "能" 和动补结构 "学得好"。"哪" 也可以在没有任何其他标记形式的帮助下, 通过语气直接表示反问,如例(9)。

"哪"用于反问时，相当于"哪儿"或"怎么"，所以译作韩国语时主要对应于"哪儿"、"怎么"所对应的疑问代名词"어디"(例2-5)、"어떻게"(例7-9)或"어찌"(例1)。当"哪"后面是"VP+NP"形式时(例6)，也可对应疑问冠形词"무슨"。

5.1.2.4 哪儿/哪里

反问是"哪儿/哪里"的常用功能，表反问时"哪儿/哪里"也常与能愿动词、副词、否定词、指示代词、动补结构以及多种标记成分同现。例如：

(1) 那小伙子身子硬朗，哪里会生病？
   저 젊은이는 몸이 매우 옹골찬데 어떻게 병이 날 리가 있겠는가?

(2) 看他性情火暴，哪儿肯受人挟制？
   그의 그런 포악한 기질로 보아, 어찌 남의 협박이 통하겠는가?

(3) 如此让人感激的事，这世上哪儿还有啊？
   이렇게 고마운 일이 천지에 어디 또 있겠는가.

(4) 天啊，哪里还有这样的事？
   세상에, 이런 일이 또 어디 있담.

(5) 世上哪儿没有这种人？
   세상에 이런 사람 없는 데가 어디 있나?

(6) 因为是女人，所以就要输给男人，哪里有这样的道理？
   여자라고 해서 남자에게 지라는 법이 어디 있어요?

(7) 哪儿有那种事儿啊？
   그런 일이 어디 있소?

(8) 他是海量,这么点儿酒哪里喝得醉?

그는 술고래이라서, 이 정도의 술로 <u>어떻게</u> 취하겠는가?

(9) 会议室里的人密密麻麻的, 哪儿数得过来?

회의실안에 사람이 빽빽하게 들어차 있는데, <u>어떻게</u> 그 수를 다 셀 수 있겠는가?

(10) 老人哪里想得到会住上这样好的房子呢?

노인이 <u>어찌</u> 이렇게 좋은 집에 살게 되리라고 생각했겠는가!

(11) 我哪儿会想到情况这么复杂?

상황이 이렇게 복잡할 줄 내가 <u>어찌</u> 생각이나 했겠니?

(12) 你哪里配姓赵!

네가 <u>어찌</u> 조씨 성을 가질 자격이 있느냐!

"哪儿/哪里" 常与能愿动词中的 "能、会、肯、敢" 同现, 如例 (1)-(2);副词主要与 "还" 同现, 此时, "还" 后面一般为 "有+(NP)" 结构, 如例(3)-(4);否定词主要与 "没有" 同现, 如例(5);与指示代词 "这、那" 同现时, 主要形成 "哪儿/哪里+有+这/那(种、个、样)+NP" 结构, 如例(6)、(7)。此外, "哪儿/哪里" 表反问时还能与多种动补结构同现, 如例(8)、(9);也更常与多种标记形式同现, 如例(10)有动补结构 "想得到"、能愿动词 "会"、指示代词 "这样", 例(11)有能愿动词 "会" 和指示代词 "这么"。"哪儿/哪里" 也可以在没有任何其他标记形式的帮助下, 通过语气直接表示反问, 如例(12)。

当 "哪儿/哪里" 后面为能愿动词或动补结构时, 常对应于韩国语疑问副词 "어떻게" 或 "어찌", 如例(1)-(2)和(8)-(11);当后面为 "(没)有+NP" 结构时, 则主要对应于疑问代名词 "어디", 如例(3)-(7)。

5.1.2.5 多少

"多少" 极少用于反问, 表反问时主要以 "X+VP+多少" 的形式出现, 其中VP主要为动词 "有"。表反问时, "多少" 主要与能愿动词和副词同现。例如 :

(1) 说他有钱能有<u>多少</u>呢 ?
    제까짓 게 돈이 많대야 <u>얼마나</u> 많겠느냐?

(2) 如果丈夫在酒吧停留这么长时间, 能忍受的妻子会有<u>多少</u> ?
    만약 남편이 그런 식으로 술집에서 시간을 죽이고 있으면, 이를 참아낼 아내가 <u>몇이나</u> 될까?

(4) 小孩就是吃, 又能吃<u>多少</u>呢 ?
    어린 것이 먹었댔자 <u>얼마나</u> 먹었겠니?

(5) 而将这些勋章、奖章用钱来计算又有<u>多少</u>价值呢 ?
    또 훈포장을 굳이 돈으로 따지자면 <u>어떤</u> 가치가 있을까?

能与 "多少" 同现表反问的能愿动词主要为 "能" 和 "会", 如例(1)-(2)；副词主要为 "又", 如例(3)-(4)。用于反问时, "多少" 主要对应韩国语疑问数词 "얼마" 加 "-나" (例1、3)和 "몇" 加 "-이나" (例2)；当其后所接名词为抽象名词时, 也可对应于 "어떤", 如例(4)。

5.1.2.6 几

"几" 用于反问的用例也比较少, 且主要都是以 "几+量词" 的形式出现。表反问时, "几" 主要与能愿动词、副词、否定词等同现。例如 :

(1) 相识满天下，知心能几人？

어울리는 사람은 천하에 가득해도 지기는 몇 안 된다.

(2) 大韩民国国民中进过崇礼门内或上过门楼的人能有几人？

대한민국 국민 중에서 숭례문 안으로 들어가 봤거나 문루에 올라
가 본 사람은 몇이나 될까?

(3) 如果议员们做好该做的工作，国会也正常发挥其功能的话，
多用几个人又有何妨？

의원들이 제 할 일을 다하고 국회가 제 기능을 다한다면야 사람
몇 명 더 쓰는 게 무슨 문제인가.

(4) 人活一辈子，能有几人不受伤？

살아가면서 상처 없는 사람이 몇이나 되겠니？

　　能愿动词中，"几"主要与"能"同现，如例(1)-(2)；副词中主
要与"又"同现，如例(3)；否定词主要与"不"同现，如例(4)。

　　"几"表反问对应韩国语时，要么用陈述形式(例1)，要么也用
反问形式(例2-4)，但基本都对应韩国语疑问词"몇"。

5.1.2.7 怎么

　　表反问是"怎么"常用的非疑问功能，表反问时"怎么"常与
"能愿动词、否定词、副词、指示代词以及多种标记成分同现。例如：

(1) 这么贪玩儿，怎么能提高成绩呢？

이렇게 놀기만 하면서 어떻게 성적을 올리겠다는 것인가?

(2) 你怎么敢和他作对？

너 어찌 감히 그에게 맞서는 거니?

(3) 哎，你这样子，我还<u>怎么</u>把事情交给你办？

하하, 이래서야 <u>어떻게</u> 자네한테 일을 맡기나.

(4) 人家说着玩儿，你<u>怎么</u>就认起真来了？

남은 농담을 하는데, 넌 <u>왜</u> 정색을 하느냐?

(5) <u>怎么</u>偏偏在这个时期？

느닷없이 <u>왜</u> 이 시점에서?

(6) 看见长辈<u>怎么</u>不行礼呢？

어른을 보고서 <u>왜</u> 인사하지 않느냐?

(7) <u>怎么</u>没有呢？

<u>어찌</u> 없을 리가 있겠느냐?

(8) 这<u>怎么</u>行呢？

<u>이렇게</u> 해서야 어찌 되는가?

(9) 你做事情<u>怎么</u>这么马虎？

네가 하는 일은 <u>어째서</u> 이렇게 흐리멍텅하냐?

(10) 在许多人面前<u>怎么</u>那样说呢？

여러 사람 앞에서 저런 말을 <u>어떻게</u> 할까.

(11) 这么难的书，让我<u>怎么</u>看得下去啊？

이렇게 어려운 책을 <u>어떻게</u> 읽으라는 거야?

(12) 憋死猫的这屋子，两个人<u>怎么</u>住得开呢？

비좁은 이방에서 둘이 <u>어떻게</u> 살 수 있겠는가?

(13) 就算是事先做了预测，又<u>怎么</u>能做出这么完美的准备呢？

아무리 미리 예측했다고 하더라도 <u>어떻게</u> 이렇게 완벽하게 준비
를 할 수가 있었죠?

(14) 他每天干的都是粗重活儿，<u>怎么</u>会不辛苦？

그가 매일 하는 일이 모두 힘든 일인데, <u>어찌</u> 고생스럽지 않을
수가 있는가?

(15) 我怎么知道。

　　　제가 어떻게 알겠어요?

　　在汉语疑问代词中，"怎么"与能愿动词的结合范围最广、结合能力最强，常与"能、会、敢、肯、可能"等同现，如例(1)-(2)；副词主要与"还、又"同现，也有少量与"就、老是、总是、偏偏"的用例，如例(3)-(5)；与否定词"不、没(有)"都有同现的用例，如例(6)-(7)；可直接与指示代词"这、那"同现，也可以与"这、那"所构成的"这/那么、这/那样"同现，如例(8)-(10)。此外，"怎么"还能与多种动补结构同现，如例(11)-(12)；例(13)-(14)是"怎么"与多种标记形式同现的用例，多种标记形式有例(13)中的副词"又"、能愿动词"能"、结果补语"出"和指示代词"这"，例(14)中的能愿动词"会"和否定词"不"。"怎么"也可以在没有任何其他标记形式的帮助下，通过语气直接表示反问，如例(15)。

　　韩国语疑问副词"어떻게"也常用于表反问，"怎么"表反问时，主要对应于"어떻게"，（如例1、3、10、11、12、13、15）；此外，"怎么"也常对应疑问副词"어찌"（如例2、7、8、14）、"왜"（如例4、5、6）和"어째서"（如例9）。

5.1.2.8 怎样、怎么样

　　"怎样、怎么样"较少用于表反问，表反问时可与能愿动词、副词同现，更多情况是与二者同时出现。例如：

(1) 都是过去的事了，能怎样呢？

다 지난 일인데 <u>뭐</u> 어때?

(2) 不是第一名又<u>怎样</u>？落后一点点又<u>怎样</u>？

1등이 아니면 <u>어떻습니까</u>? 조금 뒤쳐진들 <u>어떻습니까</u>?

(3) 他知道了又能<u>怎么样</u>？

그가 안다고 하더라도 또 <u>어떻게 하겠는가</u>?

(4) 天气还能把咱们<u>怎么样</u>？

더 이상 날씨가 우리를 <u>어찌 하겠는가</u>?

(5) 出身如何又能<u>怎样</u>，人聪明就行呗。

가문이야 아무러면 <u>어때</u>, 사람만 똑똑하면 됐지.

能愿动词中，"怎样、怎么样"可与"能、敢、会"同现，如例
(1)；副词可与"又、还"同现，如例(2)；"怎样、怎么样"更多情况
下是与二者同时同现，如例(3)-(5)。表反问时"怎样、怎么样"可对
应于韩国语"(뭐) 어때"、"어떻다"、"어떻게 하다"或"어찌 하다"等。

5.2 否定及其对应形式

5.2.1 否定

疑问代词表否定是比较特殊的语言现象，前辈时贤从不同角
度对疑问与否定的相关性进行了研究。

首先，大多数认为疑问代词是通过反诘语气或反问形式作为
表达否定的依据，将否定用法等同于反问用法。如：丁声树等
(1961)主张疑问代词主要有询问、反问、任指和虚指用法，将否定用
法归入反问。刘月华(2004:511)认为："在谓语中使用的'哪儿'、'哪里'

或'怎么'，只表示反问语气，并不表示处所或方式"。刘辰洁(2010)以"怎么"为例，考察其在反问句中表否定的情况，认为当"怎么"用在反问句中并与"就、还、也、又、才、都、净"等副词连用后，其表达语用否定的功能会得到大大的加强。寿永明(2002)以"什么"为例分析了疑问代词的否定用法，认为疑问代词表否定主要是用于反问句。季旭(2014)认为特指问形式表否定属于否定表达中较为特殊的一类，它有别于常规否定词表否定。即反诘语气为其提供了语气条件，释因句及促成句子构成反问句的一类词也为其提供了语境条件。在这些条件的作用下，句子具有对否定的强调性及突出说话者某些主观性特征的表达功能。刘彬袁毓林(2017)在探讨疑问代词"谁"的否定意义的形成机制时也是将其放入反问句中来研究。

此外，还有些研究肯定了疑问代词有否定用法，认为反问是从疑问到否定的一种过渡形式，并区分了否定用法和反问用法。如：张晓涛 邹学慧(2011)等明确提出"疑问句由表疑问到表否定并不是突变的，而是一个渐变的过程，经历了'询问—怀疑—否定'的发展过程。…从怀疑到否定过程来看，起决定性作用的是反问句，反问句使得疑问表否定的功能得以实现，为疑问句由询问功能向否定功能迁移提供了可能"，并同时以"哪里/哪儿"为个案，分析特指问与否定的相通性问题。袁毓林、刘彬(2016))探讨了疑问代词"什么"的否定用法以及这种否定用法的形成与识解机制，认为所否定对象的反通常性特点以及"疑善信恶"原则的共同作用导致"什么"可以表达否定。王小穹(2019)将"疑问"向"否定"的转化称为"疑问的否定性逆转"，认为疑问代词的否定性逆转，是疑问代词从基本的疑问标记到失去疑问标记到最后获得无标记否定的过程。并认为主观化是疑问发生否定性逆转的主要动因，由主观化推动的疑问词的无标记否定相对于"不/没"等有标记否定词，有可能是一种常态否定形式。

本书认为反问和否定不管是语表形式还是语里意义都有不同之处，所以在此将二者分开进行研究。我们认为，在疑问代词的边缘语义阶段，"否定"指的是疑问代词不依赖任何否定成分或否定手段等否定标记，只是在交际过程中，通过一定的语境知识和语用推导，与被否定对象一起形成某种构式来逐步实现。否定主要表达一种语用功能，即说话者对某种事物的否定态度，如：不满、讽刺、反驳、禁止、劝阻、谦虚、委婉等等。

疑问代词表否定时既可以出现于反问句也可以出现于肯定句，我们在此主要讨论个别疑问代词在相关构式中表否定的情况。

5.2.1.1 什么

(一) X+什么+(Y)

"X+什么+(Y)"构式表否定主要有以下四种情况：
第一种为"X+什么"。构式中的X为动词或形容词。如：

(1) 警察气得够呛，"踢死你也是活该，黑天半夜你不好好在家呆着出来瞎折腾什么？今天幸亏我是没开枪，要不然把你当成凶手一枪打死你。"

(2) 他把他从前那些剧照拿出来，给我们看，我们都笑了起来。盛公悻悻然喝道："笑什么？难道你们还不相信这就是我么？"

(3) 一些发达国家担心，如果中国发展起来，货物出口多了，会不会影响发达国家的商品输出？是存在一个竞争问题。但是，发达国家技术领先，高档的东西多，<u>怕什么</u>！

(4) 时间有的是，今天办不了，还有明天，你<u>急什么</u>？"

以上例(1)-(3)中的X为动词，例(4)中的X为形容词。动词主要为不及物动词，如例(1)、(2)中的"折腾"、"笑"；也有少量心理动词，如例(3)中的"怕"。例(4)中的X为形容词"急"。

在"X+什么"构式中，说话人通过"什么"来否定X的必要性和合理性，从而表达希望X停止或不要再继续下去的意义。构式义可理解为"别/不/不应该/没必要X"。如例(1)中的"瞎折腾什么"表示"不应该瞎折腾"，例(2)中"笑什么"是"别笑、不要笑"，例(3)中的"怕什么"表示"不需要怕"，例(4)中的"急什么"意思为"别急、没必要急"。

第二种为"X+什么+X"。该构式中的X同样为动词或形容词，一前一后出现于"什么"两端。如：

(5) 奶奶对围观的众人大声说："还<u>看什么看</u>，都睡觉去！"

(6) 窦玉泉也站起身，看了看王兰田，说："我们是不是要回避一下？走吧。"杨庭辉说："<u>走什么走</u>？都是领导干部，有问题大家一起听嘛。"

(7) 陈墨涵和团部的几名参谋跟随莫干山赶到二连的时候，二连的九十六名官兵已经整装待发了。莫干山对二连温连长说："<u>慌什么慌</u>？煮熟的鸭子都在碗里，还怕飞了不成？"

在"X+什么+X"结构中，说话人同样是通过"什么"来否定X的必要性和合理性，表达不希望X继续发生或者开始发生。如在例

(5)中，奶奶在对众人说话之前，围观的众人已经在看，奶奶是制止他们"看"的行为继续下去；而在例(6)中，杨庭辉看他们站起来，认为他们是要走，便用"走什么走"来制止这种行为的发生。

例(5)—(7)中的X分别为及物动词、不及物动词和形容词。构式义可理解为"别/没必要X"。如例(5)的"看什么看"表达的意思为"别看(了)"，例(6)"走什么走"意思为"没必要走"，例(7)"慌什么慌"相当于"别慌"。

第三种为"X+什么+Y"。构式中的X通常为及物动词，Y为名词性成分，二者形成动宾关系或"XY"本身就是一个动宾式复合词。例如：

(8) 没有和平环境，<u>搞什么建设</u>！

(9) "你又<u>发什么疯</u>！"欧阳天风双手扶着赵子曰的肩头问。

(10) 江月蓉说："我，我这次来还没单独和他说过话，闹，<u>闹什么别扭</u>。"

(11) "你<u>道什么歉</u>。"他打断我。"这压根就不是你的错。你凭什么替她说对不起。"他愤愤地别转身。

(12) 朱姑娘一击得手，精神大振，高声说道："<u>吹什么牛</u>，肖大哥的武功天下第一，你们怎会是他的敌手？"

(13) 于观说，"我想回家。"那你回家吧，我们去小鲁那儿，师傅你给他撂马路边儿上。""别回家，<u>回什么家</u>呀。"杨重对于观说。

X和Y在例(8)中形成动宾关系"搞建设"，而在例(9)-(13)中则本身为动宾式复合词"发疯"、"闹别扭"、"道歉"、"吹牛"和"回家"。

214

"X+什么+Y" 构式主要表达 "别/没/没必要XY", 如例(9) "发什么疯" 表示 "别发疯", 例(10) "闹什么别扭" 意思为 "没闹别扭", 例(11) "道什么歉" 表示 "没必要道歉" 等。

另一种情况是 "XY" 为常与 "不" 同现用于否定句的动词, 如 "要紧、像话、相干、中用" 等。例如：

(14) 也许有人会说对女人倾注如此热情<u>像什么话</u>, 但工作和爱情对人来说, 都是值得倾注一生的大事。

(15) 外国人偷外国人的外衣, 于我们<u>相什么干</u>呢。

(16) 燕西拉着他的手笑道："说了就说了, <u>要什么紧</u>呢？" 陈玉芳这才局促不安地勉强坐下了。

(17) 马明用手抓着自己的头发说："你们瞧我这脑袋还<u>中什么用</u>？我这 '孔明' 是当不成了, 应该让给阿炳！"

这一类 "XY" 中间插入 "什么" 之后所表达的意思为 "不XY"。如例(14)的 "像什么话" 语义为 "不像话", 例(15)的 "相什么干" 意思是 "不相干", 例(16) "要什么紧" 意思为 "不要紧", 例(17)的 "中什么用" 意为 "不中用"。

还有一种情况是 "X" 和 "Y" 构成 "X(个)什么劲(儿)" 的形式, 其中, "X" 可以是动词也可以是形容词。例如：

(18) 梅丽在里边屋子里, 赶着跑了出来道："哟！二嫂要走了, 我得送送呀。" 慧厂笑道："又不是出什么远门, <u>送什么劲儿</u>？大家还不是三天两天就见面的。"

(19) "皇帝不急, 你太监急<u>个什么劲儿</u>？"

以上两例中的"X(个)+什么劲(儿)"结构所表示的语义主要为"不用/不必/没有必要X"。如例(18)"送什么劲儿"表示"不用送",例(19)"急个什么劲儿"意思为"没必要急"。

第四种为"有+什么+Y""有+什么+Y"构式中的"Y"可以为名词、形容词或动词。当"Y"为名词时,主要为"资格、脸面、出息、尊严、威信"等。例如:

(20) 我叫人送点头痛药上来给你,让我来跟普罗芳德先生谈。他<u>有什么资格</u>来搬弄这些鬼话!

(21) 像你这样的人,还<u>有什么脸面</u>活在世上,就是个叫花子也比你强一百倍!

(22) 像你这么年轻,就应该出国闯一闯,老在国内呆着<u>有什么出息</u>?一定要出国!

"有+什么+N"否定的是"N",意思为"没(有)N"。如例(20)"有什么资格"意为"没有资格",例(21)"有什么脸面"意思是"没有脸面", 例(22)的"有什么出息"表示"没有出息"。

当"Y"为形容词时,形容词后常常加"的"。如:

(23) 这<u>有什么难的</u>,我跟你一讲你就明白了。

(24) 这种事<u>有什么奇怪的</u>。

(25) 杨世光打趣道:"天雄,想不到你还有宝二爷多情的一面,也会说这个妹妹我在哪里见过。真是稀奇。"史天雄冷笑一声,"<u>有什么稀奇的</u>。谁都年轻过。

216

"有+什么+A(的)" 结构主要用来否定事物的性状，语义为 "不A"。如例(23) "有什么难的" 意为 "不难"，例(24) "有什么奇怪的" 表示 "不奇怪"，例(25) "有什么稀奇的" 相当于 "不稀奇"。

当 "X" 为动词性成分时，主要构成 "有+什么+好/可/值得V(的)" 结构。例如：

(26) 真的，我要记得我就说了。我<u>有什么好瞒的</u>？

(27) 玉娇龙很快就恢复了平静，她见香姑笑成那副模样，略带嗔怪他说道："傻丫头，这<u>有什么可笑的</u>！"

(28) 和一个作家同名，<u>有什么值得骄傲</u>呢？

"有+什么+好/可/值得V(的)" 结构表示的意思主要为 "没有必要V"、"不必V" 或者 "不值得V"。如例(26) "有什么好瞒的" 意思为 "没有必要瞒"，例(27) "有什么可笑的" 表示 "不值得笑"，例(28) 的 "有什么值得骄傲的" 意为 "不值得骄傲"。

由以上分析可见，"X+什么+(Y)" 表否定时，构式基本不单独使用，往往有前接句或后续句来说明X或XY不合理的理由。如例(8)、(18)中的 "没有和平环境" 和 "又不是出什么远门" 作为理由，出现在构式之前。例(6)、(7)中的 "都是领导干部，有问题大家一起听嘛" 和 "煮熟的鸭子都在碗里，还怕飞了不成"，作为理由出现在构式之后。

(二) 什么+X

"什么+X" 表否定时，X主要为名词性成分、引用语、X不X(的)

或呀/啊等语气词。以下分别论述。

首先是"什么+NP"结构。如：

(29) 哼！<u>什么学者专家</u>，还不是一群混饭吃的家伙！

(30) 自己有了丈夫，还要跟辛楣勾搭，<u>什么大家闺秀</u>！我猜是小老婆的女儿罢。

(31) 我一进家门，把门一关，指着周瑾就嚷："你<u>什么东西</u>？有这样的吗？差点让人把我当流氓逮了。"

"什么"后接名词表否定时，名词本身要么是褒义词，要么是中性词，受前面"什么"的影响，整个"什么+NP"实际表示的是贬义。如例(29)、(30)中的"学者专家"、"大家闺秀"本为褒义词，但前面加上"什么"，就有了否定义，表明说话者对此不认同，认为"不是大家闺秀"、"不是专家学者"；例(31)的"东西"指物时为中性词，用其指人本来就含有贬义，前面再加上表否定的"什么"则贬义色彩更浓，表示"你不是个东西"。

其次是"什么+引用语"结构。例如：

(32) <u>什么"永不再嫁"</u>，难道离了婚还要作他的牺牲品？

(33) "那末，你唱的什么？<u>什么相思相思的</u>。"

(34) 赵雅芝笑着问我，看我这身庄重打扮，想来混得不错吧！我苦笑了一下告诉她，<u>什么不错呀</u>，还在原地踏步，一点起色也没有。这身衣服是谢云送给我的，凭我哪里能买得起

引用语可以加上引号以后再加在"什么"之后，如例(32)中的

"永不再嫁"；也可以是部分原语的重复形式，如例(33)是"相思"的重复形式"相思相思"；还可以直接加在"什么"之后，如例(34)中的"不错"。

"什么"后加引用语，表示对这一引用部分的否定，表示不同意，即"象引用语这样的说法是不对的、不好的、不合适的"等，并带有反对(如例32)、讽刺/不耐烦(如例33)、无奈(如例34)等情绪。

然后是"什么+'X不X(的)'"结构。例如：

(35) 村濑的话让风野心里觉得发虚。一个小小栏目，动笔时从未考虑过<u>什么见解不见解的</u>。

(36) "你就是我在报纸上读到的那个小孩吗？"她问道，仍然带着面纱。"我不晓得，"乔很不高兴地望着那块面纱说，"<u>什么报纸不报纸的</u>。我什么也不晓得。"

(37) <u>什么母女不母女</u>，<u>什么体面不体面</u>，钱是无情的。

能进入该构式的"X"主要为名词，如例(35)、(36)中的"见解"、"报纸"；也可以是词组或形容词，如例(37)中的"体面"为形容词，"母女"为联合词组。"什么+'X不X(的)'"结构表达说话者强烈的否定，一般在说话者认为"X"不重要、没有用、不以为然的情况下使用，意为"不要/不必说X"。如例(35)中的"什么见解不见解的"表示说话者在投稿那个小栏目时，并没有认为"见解"有多重要，所以"从未考虑过"。

最后是"什么+呀/啊"结构，即"什么"加上"呀、啊"等语气词构成"什么啊"或"什么呀"独用表否定。例如：

(38) 我知道这种病，病人会忘掉很多事情，包括家庭住址、自己的姓名和自己的往事。"贝尔德说："<u>什么啊</u>，怎么会！这些人就是想找乐子。现在的人有学问，都知道失忆症是怎么回事，就借此失忆一把。

(39) 三四郎卷起这封长信，与次郎来到身旁："啊，是女人的信呀。"同昨晚相比，与次郎这会儿开起玩笑来兴致格外好。"<u>什么呀</u>，是母亲写来的。"三四郎有些不悦，连同信封一起揣进怀里。

(40) 甲：你真是太聪明了！
乙：<u>什么呀</u>，马马虎虎吧。(转引自寿永明 2002)

"什么呀/啊"可独用表否定，否定对方的话语或前文的信息，主要有两种情况。一种是否定的同时带有不相信、不同意、不满、不以为然等态度，语气较强，如例(38)中的"什么啊"表示贝尔德不相信"病人会忘掉很多事情，包括家庭住址、自己的姓名和自己的往事"。还有一种是通过对对方赞扬、夸奖自己话语进行否定来表达一种谦虚或客气，一般来说语气较弱，如例(40)用"什么呀"表示谦虚，表示自己没有对方说的那么"聪明"。

(三) 什么什么+NP

"什么"的复现形式"什么什么"后加名词也可表否定。例如：

(41) 他指画作得好，用笔墨作得更好，"而不是像现今这些画家，笔墨上不行，拉大旗做虎皮，号称自己是<u>什么什么画家</u>。"

在"什么什么+NP"结构中的NP主要是褒义词,"什么什么"的作用是否定该名词,有不承认之意。如例(41)的"画家"是褒义词,前面加上"什么什么"后表示说话者对这一类的"画家"不承认、不满或嘲讽。

可见,"什么+NP"与"什么什么+NP"结构中的"NP"一般都是褒义词或中性词,而整个结构表达的意思却是否定的,表示说话人用这种构式形式指出该对象达不到名词所代表的资格、水平或标准,表达了说话人不承认、嘲讽、贬斥等强烈的感情。"什么+引用语"和"什么+'X不X(的)'"结构都是对前文所出现某种内容的否定,这些内容包括对方所说的话语或前文的某种情况。如例(34)"什么不错呀"是对前文赵雅芝说的"想来混得不错吧"的否定,例(36)"什么报纸不报纸的"是对前文"你就是我在报纸上读到的那个小孩吗?"这一情况的否定。而"什么+呀/啊"既可以是对对方话语的全面否定,也可以是通过否定对方夸奖自己的话来表示自谦。

5.2.1.2 "哪"类词

"哪"类词表否定,同样是要通过构式或某种固定的结构来实现,主要是对态度、观点或动作行为等进行否定。根据其形式和意义,可分为以下三类:

(一)"哪"类词+V

能进入该构式的V主要为单音节动词和认知类动词。构式常与指示代词"这、那"及人称代词"你(们)/您、我(们)、他/她(们)"同现。例如：

(1) 其实，这哪里是岛，只不过是两块光秃秃的礁石。

(2) 可她哪有时间啊，丈夫和工作都离不开她。

(3) 这哪儿像领导干部，十足一个流氓嘛。

(4) 快走吧，看你们哪里像年轻人，落在我老太婆的后面了

(5) 那哪儿叫回报呀，说是一辈子都还不清的债也不过分。

(6) 要说劳动模范，我哪里够资格？你们资格比我老多了

以上6例都是V为单音节动词的情况，动词主要为"是、有、像、叫、够"。另外，例(1)、(3)中，构式与指示代词"这"同现；例(5)中，构式与指示代词"那"同现；例(2)、(4)、(6)中，构式与人称代词同现。"哪"类词在此否定"V"，相当于"不/没V"。如例(1)"哪里是"意思是"不是"，例(2)"哪有"意思为"没有"，例(3)的"哪儿像"意为"不像"，余例类推。

(7) 广告人会对你说：你哪里知道我们这一行的甘苦。现在，广告行业可能是三百六十行中竞争最激烈无情的。

(8) 咱家里人都是老脑筋，一点儿也不开化，就知道自己关门过日子。他们哪里知道，你现在在青年当中的影响有多大呀！

(9) 人生一梦，梦醒人归，尼奥还在那里怨天尤人，他哪里想到在这一瞬间，我的心已远渡重洋，别他而去了。

例(7)-(9)是V为认知类动词的用例，动词主要为"知道、想"等。另外，构式常与人称代词同现，如上例中的人称代词分别为

222

你、他们、他。此结构中,"哪"类词同样否定的是"V",相当于"不/没V"。如例(7)、(8)中"哪里知道"是"不知道",例(9)"哪里想到"是"没想到"。

"不/没+VP"是直接表否定的形式,"'哪'类词+V"表否定时虽与其语义并无多大区别,但却多了一层感情色彩。如例(2)对"没有时间"表示出一种无奈;例(3)表示的是讽刺,讽刺"领导干部不像领导干部却像流氓";例(6)是表谦虚,认为自己"不够资格"等等。

"'哪'类词+V"表否定时,基本也不单独使用,一般会有后续句对构式表达的情况做进一步的补充,或者说明否定的理由。如例(3)"这哪儿像领导干部"表示的意思是"这不像领导干部",后续句"十足一个流氓嘛"是对"这不像领导干部"的进一步补充说明。例(2)中的"她哪有时间啊"表示否定义"她没有时间",后续句"丈夫和工作都离不开她"进一步解释了"她没有时间"的原因。

(二)"哪"类词+(的)+X

能进入该构式的"X"主要为名词和语气词。例如:

(10) 孙小姐低头大声说:"谢谢方先生,我只怕劳累了方先生。"鸿渐客气道:"哪里的话。"

(11) 翠芬回头对钱国华友好地微笑:"刚才承你帮忙。"钱国华谦虚地:"哪儿的话,那是应该的。"

(12) 这时候,他见姑娘拉着他的胳膊,硬要叫他到她家去,就笑了笑说:"姑娘说哪里话,遇到这种情况,谁都会做的。"

(13) "你还越说越来劲了!"马锐急了,从座位上蹦起来,"你大人开这种玩笑也不脸红—都哪的事啊!"

(14) "看不上我，干脆，咱俩离婚，找你们单位那个好的去！"

"嘻！这都是<u>哪儿的事</u>呀！根本就没那么个人！"

例(10)-(14)是X为名词的用例，名词主要为"话"，如例(10)-(12)，此时，构式主要表达对对方的客气表示委婉的否定，说话者的意思为"不用客气"或"快别说那样的话"。当名词为"事"时，构式一般用于对话，说话人否定对方所说的内容，其语义为"根本就没那么回事"。

(15) 看见我们，他迎了上来。我问他是不是要搬家。他说"<u>哪儿啊</u>，离了，我们离婚了。"

(16) "<u>哪里呀</u>，我算什么？"她唏嘘着。"我还能有什么用处？"

例(15)-(16)是X为语气词的用例，语气词主要为"啊"、"呀"。此时，构式主要用于对话，说话人用"'哪'类词"来否定对方的观点或话语内容，后面通常还会加上进一步的说明，说明自己否定的原因或对象。如例(15)用"哪儿啊"首先否定我们的问话"是不是要搬家"，然后进一步说明"不是搬家，而是离婚了"。

(三) 固定形式

"哪"类词常构成一种固定的形式表否定。如：哪里、哪里哪里、哪儿跟哪儿、"V(到)哪儿去了"等。如：

(17) "好了，你虽然不能一个人住一间房，但是总能好好睡一觉了。"我说。"**哪里**。"老先生露出一丝苦笑。

(18) "我妻子和女儿是贵刊的忠实读者。有时我也翻翻，很有意思。""**哪里哪里**。"

(19) 最绝的是女友最后将这件事上升到了理论高度，得出的结论居然是小王根本不关心自己的真实想法，说明小王根本不爱自己，肯定又喜欢上别的女孩子了。小王叫苦不迭，这都是<u>哪儿跟哪儿</u>啊，从何说起！

(20) 范骡子语无伦次地说"王书记，不不，王市长，看你<u>说哪儿去了</u>？没有，没有。"

(21) "何局长，是不是有什么人给你打了招呼？""你看你，<u>想到哪儿去了</u>，哪有的事！"

"哪"类词在构成固定形式表否定时，常用于应答。如例(17)用"哪里"应答，避免了直接否定所造成的生硬感；例(18)的"哪里哪里"表达说话者谦虚的态度。例(19)的"哪儿跟哪儿"在否定现实的基础上，表达了说话者的无奈。例(20)-(21)的"V(到)哪儿去了"表达了对对方话语的委婉否定。

何震亚(2008)认为，语言的礼貌原则是："用最直接的方式表达话语是最欠缺礼貌的；用最间接的方式表达的话语则是最礼貌的。这就是说，语言手段越间接，话语就显得越礼貌"。疑问代词的否定用法，正是用一种间接的语言表达手段表示了否定的意义，增加了礼貌性，达到了"委婉"和"谦虚"的礼貌交际原则。如"什么"表否定的例(40)和"哪"类词表否定的例(18)分别用"什么呀"、"哪里哪里"对对方称赞、表扬自己的话进行否定，这比直接否定的语气委婉，避免了生硬，表达了一种谦虚、客气，达到了礼貌的交际原则。

5.2.1.3 "哪"类词+VP+什么+NP

"哪"类词与"什么"同现时也可以表否定，此时，常在二者之间加上"VP"，在"什么"后加上"NP"，构成"'哪'类词+VP+什么+NP"构式。例如：

(1) 姚佩佩指着那碟小菜道："老伯，这是什么菜？怎么这么香？"老郭笑道："姑娘，你这是笑话我穷呀！这<u>哪</u>是<u>什么菜</u>，这是我腌的柳芽。"

(2) 说是"画廊"。是这样说着好玩罢了，其实，<u>哪里是什么画廊</u>，也不过村里的一座老庙宇。

(3) 最近在巴黎，有一名贵族在医生诊断后开了刀，膀胱像掌心一样，<u>哪儿有什么结石</u>。

(4) 但实际上，置身在这种地方，<u>哪有什么安全</u>？压根儿谈不上安全；只有危险，而眼下这种危险性比他初来时更大。

(5) 在他的"审问"下，我只得老实交代，我<u>哪里有什么艳遇</u>，至今我连女孩的手都没碰过呢。

(6) 曼璐淡淡地笑了一笑道："哦，你听见他们说的。他们只看见表面，他们<u>哪儿知道</u>我心里的滋味。"

(7) 她放下酒杯深深叹气，眼睛亮晶晶地望着我笑："自己瞎折腾把你这么个好人白白赶上山了。""哪里，我<u>哪里算得上好人</u>，你这话真让我惭愧。我无礼的时候比你多，大部份的时候是我无礼。

该构式表否定时，VP通常为"是"，如例(1)-(2)；或者是"有"，如例(3)-(5)；有时还可以为动词"知道"或"动词+可能补语"，如例(6)-(7)。"哪"类词在此否定的都是"VP"，"VP"为"有"时相当于

"没有"，为其他动词形式时相当于"不VP"。如例(5)"哪里有什么艳遇"意思为"没有艳遇"，例(6)"哪里知道"表示"不知道"。另外，通常还有前接句或后续句对构式进行解释、说明。如例(2)中的"哪里是什么画廊"本身已有"不是画廊"之意，后续句"也不过村里的一座老庙宇"接着对其进行进一步的说明。

江蓝生(2008)指出：同义叠加是最常见、也最简单的用增量来加强语义强度的语法手段。疑问代词"什么"和"哪"类词都有否定功能，二者同现可以说是通过"否定"叠加来加强否定义。

5.2.1.4 疑问代词表否定的特征

"什么"表否定主要出现于两大结构，一种是"X+什么+(Y)"，另一种是"什么+X"。在"X+什么+(Y)"结构中共有四个小分类："X+什么"、"X+什么+X"、"X+什么+Y"和"有+什么+Y"；同样，在"什么+X"结构中也有四个小分类："什么+NP"、"什么+引用语"、"什么+'X不X(的)'"、"什么+呀/啊"。此外，"什么"的复现形式"什么什么"后加名词性成分也可表否定。

"哪"类词表否定主要出现于"'哪'类词+V"或"'哪'类词+(的)+X"结构，也常用于"哪里哪里"、"哪儿跟哪儿"等某种固定的格式。此外，"哪"类词还可与"什么"同现来加强否定。

不管"什么"还是"'哪'类词"，在表否定时，其所形成的结构往往都有前接句或后续句来说明否定的理由或者对所表达的情况进行补充；有时可用于对话，对对方的客气或夸奖自己的话表示一种委婉的否定，表达自己的谦虚和客气。疑问代词表否定在口语中常用，有着其他否定标记不可取代的特殊功能。

5.2.2 对应形式

5.2.2.1 什么

　　韩国语疑问代名词 "무엇" 的缩写形式 "뭐" 和疑问冠形词 "무슨" 也有否定功能，因此 "什么" 表否定时通常对应 "무슨" 和 "뭐"。例如：

（一）V/A+**什么**+(V/A)

　　在 "V/A+什么" 和 "V/A+什么+V/A" 构式中，因为 "什么" 的主要同现成分是谓词性的，所以此时的 "什么" 主要对应于韩国语 "뭐"。如：

> (1) 满月那么亮，你还怕<u>什么</u>？
> 　　저렇게 보름달이 환한데 <u>뭐가</u> 무섭다고 그러니?
>
> (2) 回来再写吧，急<u>什么</u>啊？
> 　　돌아와서 하면 되지,<u>뭐가</u> 그렇게 급해?
>
> (3) 他帅<u>什么</u>帅啊。
> 　　그가 멋있긴 <u>뭐가</u> 멋있냐.

　　韩国语 "무섭다" 和 "급하다" 都是形容词，所以 "뭐" 在句中都是以 "뭐가" 的形式作主语，如例(1)、(2)。另外，韩国语 "A긴　뭐가 A" 表示对A的否定，所以，汉语 "A什么A" 可对应 "A긴 뭐가 A"，如例(3)。

（二）**有什么+A/好(值得) V+的**

同样，在"有什么+A+的"和"有什么+好(值得)V+的"构式中，"什么"的主要同现成分为动词或形容词，所以此时的"什么"主要也是对应韩国语"뭐"。如：

(4) 我的话有<u>什么</u>奇怪的？
내 말이 <u>뭐</u>가 이상해?

(5) 只是让你动动嘴，有<u>什么</u>难的？
입만 놀리라는 데, <u>뭐</u>가 어려워?

(6) 都是一样的剧情嘛，真不明白有<u>什么</u>好看的。
다 똑같은 이야기인데, <u>뭐</u>가 재미있는지 모르겠다.

(7) 有<u>什么</u>值得大惊小怪的？
<u>뭐</u> 크게 놀랄만한 게 있느냐?

（三）(X) +**什么**+Y

在"X+什么+Y"构式中，"什么"位于动宾结构X和Y之间，形式上好像是Y的修饰成分，因此主要对应韩国语疑问冠形词"무슨"。例如；

(8) 你抽<u>什么</u>疯，大半夜的唱歌？
너 <u>무슨</u> 바람이 들어서 한밤중이 지났는데 노래하고 그러냐?

(9) 他吹<u>什么</u>牛？
그가 <u>무슨</u> 허풍을 떤다고 그래?

(10) 你起<u>什么</u>哄？

너 <u>무슨</u> 소란이냐?

(11) 有<u>什么</u>脸面到这个地方来？

<u>무슨</u> 낯짝으로 이 자리에 나타나니?

(12) 张某李某之辈有<u>什么</u>资格敢来插嘴？

장모 이모 따위가 <u>무슨</u> 자격으로 말참견하려고 드느냐?

(13) <u>什么</u>话呀，真莫名其妙。

새삼스레 <u>무슨</u> 말이냐?

(14) 这叫<u>什么</u>话？

이게 <u>무슨</u> 말이야?

例(8)-(10)为"V+什么+N"构式，其中，V与N构成动宾复合词(也称"离合词")。例(11)-(12)为"有+什么+N"构式。例(13)-(14)为"什么+N"构式。

另外，当"什么"后面加上引用语时，相当于"뭐라고"，后加"N不N(的)"结构时，相当于"무슨 N(이)고 뭐고"结构。例如：

(15) <u>什么</u>头疼！全是借口。

<u>뭐라고</u>, 머리가 아프다고! 다 핑계지.

(16) <u>什么</u>钱不钱的，那倒不在乎！

<u>무슨</u> 돈이고 뭐고 관심 없어!

5.2.2.2 "哪"类词

(一) "哪"类词+VP

此结构中的"哪"类词译成韩语时，通常对应"어떻게"、"어

230

디", "어찌" 或否定形式。如：

(1) 他哪里是在跟我讲话, 他是在训斥我！

그가 어디 나와 얘기를 한 거야, 그가 나를 훈계한 거지!

(2) 世上哪里会有这样的事。

천지간에 어찌 이런 일이 있을 수 있단 말인가?

(3) 俗话说饱汉不知饿汉饥, 你哪知道我的苦楚。

속담에 배부른 사람은 배고픈 사람의 사정을 모른다는 말이 있듯
이, 당신이 어떻게 내 고초를 알 수 있겠는가.

(4) 哪想到事情会变得这么复杂。

일이 이렇게 복잡해지리라고는 생각지도 못했다.

韩国语疑问词 "어디"、"어찌"、"어떻게" 常用于反问句表否定,
如例(1)-(3), 因此常常对应 "哪" 类词的否定用法。另外 "哪" 类词
也可直接对应韩国语否定形式, 如例(4)。

(二) "哪" 类词+VP+什么+NP

"'哪' 类词+VP+什么+NP" 结构中的VP主要为动词 "是" 或
"有", 构式中的 "哪" 类词主要否定VP, 对应于韩国语时与前一类
相同, 也是对应韩国语反问结构, 相当于 "무슨" 或 "어디"。例如：

(5) 这哪是什么军队, 完全是七拼八凑的乌合之众。

이게 무슨 군대야, 완전히 여기저기서 끌어모은 오합지졸이지.

(6) 这不过是虚衔罢了, 哪儿有什么责任呢。

이는 빈 직함일 뿐인데 무슨 책임 따위가 있겠습니까.

(7) 姐弟恋怎么了，爱情哪有什么限制，喜欢就好。

연상연하가 뭐, 사랑에 제한이 <u>어디</u> 있어, 좋으면 된 거지.

(三) "哪" 类词+(的) +X

当构式中的X为名词 "话" 构成 "哪里/哪儿的话" 表谦虚或否定时, 常对应于韩国语 "별말(씀)"、"천만의 말씀" 或 "천만에"。例如 :

(8) <u>哪儿</u>的话, 我没那么神。
　　<u>별말씀</u>을 다 하시네요, 전 그렇게 신통하지 못합니다.

(9) <u>哪里</u>的话, 我做的事情不算什么。
　　<u>천만의 말씀</u>이십니다. 제가 한 일은 아무것도 없습니다.

(10) 你说我唱得好? <u>哪里</u>的话, 我是个五音不全的人。
　　　제가 노래를 잘 한다고? <u>천만에</u>, 나는 음치야.

当X为语气词 "啊" 或 "呀", 构成 "哪里/哪儿+啊/呀" 时, 主要对应韩国语否定词 "아니다"。如 :

(11) <u>哪儿</u>啊, 多亏有老朋友们的帮忙。
　　　<u>아니야</u>, 옛 친구들이 도와준 덕분이지.

(12) "你的话不可信。是在说谎吧？" "<u>哪里</u>呀, 是真的。"
　　　"네 말은 믿을 수가 없어. 거짓말이지?" "<u>아냐</u>, 사실이야."

(四) 固定格式

"哪" 类词用于固定格式表否定时, 通常用于别人对自己的夸

奖、赞赏表示谦虚, 主要对应于韩国语的 "별말(씀)"、"천만에", 或者直接对应否定形式。如 :

(13) "你的歌唱得真好！" "哪里, 你过奖了。"
　　　 "당신 노래 참 잘하십니다.", "별말씀을요, 과찬이십니다."

(14) "没招待好您, 实在抱歉。" "哪里哪里, 受到如此隆重的接待, 反倒让我觉得过意不去了。"
　　　 "제대로 대접을 해 드리지 못해서 죄송합니다." "천만에, 너무 융숭한 대접을 받아서 내가 오히려 미안하네."

(15) "他们都觉得你真是太棒了！" —— "喔,哪里哪里."
　　　 "그들 모두가 당신이 아주 멋지다고 생각했어요." "글쎄요. 별로 그렇지 않은데요."

(五) "V(到)+ '哪' 类词+去了"

韩国语疑问冠形词 "무슨" 的主要功能是修饰名词, "V(到)+ '哪' 类词+去了" 译作韩语时, "무슨" 位于句首, 修饰V这一动作相对应的名词。如 :

(16) 想哪儿去了？这是我 "男闺蜜"。
　　　 무슨 생각을 하는 거야? 애는 내 남자절친이야.

(17) 你说到哪里去了？朋友嘛, 互相帮助是应该的。
　　　 무슨 말을 하는 거예요? 친구잖아요. 서로 돕는 것이 당연하지요.

动词 "说" 对应的名词是 "话", 动词 "想" 对应的名词是 "想法" 以上两例中的 "무슨" 分别修饰 "생각" 和 "말"。

5.3 感叹及其对应形式

5.3.1 感叹

关于疑问和感叹之间的关系，吕叔湘(1944)、石毓智(2004、2006)、李莹(2008)、杨娜(2014)、陈振宇 杜克华(2015)、 刘彬 袁毓林(2020)等都有所论及。

吕叔湘(1944/1990:311)认为："以感情的表达为主要任务的叫做感叹语气。"而"疑问语气(尤其是反诘语气)更容易附着感情，甚至很强的感情。"可见，疑问语气因容易附着感情而变为感叹语气。

石毓智(2006:14, 17)认为："感叹句标记大都是来自疑问代词，这不是偶然的，而是因为疑问和感叹之间存在着内在的认知关系。疑问和感叹之间的认知联系是人类语言的一个共性，因此不同语言的感叹标记最常见的一个来源就是疑问代词。"并认为感叹句的语义结构由两个部分构成："被焦点化的新信息+超越以往的知识经验"。也就是说，疑问代词是疑问句的焦点，当然也就是被焦点化的信息；而感叹句中被焦点化的信息毫无疑问是被感叹的部分，也就是感叹句标记。其次，当人们对人、物、时间、地点等未知时便会用疑问代词来发问，而当某种事物的程度、数量等超出人们的预期、经验或知识范畴时便会用感叹标记来表感叹。疑问代词与感叹标记都是在未知、超越的基础上产生，并各为疑问句、感叹句的焦点，具有认知上的相关性。

李莹(2008)列举了部分语言中疑问词充当感叹标记的现象，并指出疑问词充当感叹标记是世界语言的一个重要共性。

刘彬 袁毓林(2020)首先承认疑问和感叹之间确实存在着非常密切的关系，疑问可以转化为感叹，疑问和感叹之间具有类似的语义结构和认知理据，即超出说话人原有的预期、信念或知识经验；然后在此基础上着重揭示疑问向感叹转化的条件与机制。

通过前人相关研究可知：疑问语气往往因容易附带强烈的情感而表达感叹；疑问和感叹具有类似的语义结构和认知理据，即超出说话人原有的信念、预期或知识经验；大部分感叹标记都是从疑问标记发展而来。

汉语大多数疑问代词都能与感叹语调同现表达感叹，但在表感叹时，有些比较典型，而有些则较少使用。我们在此主要考察较为典型的"多少"、"怎么"、"什么"和"'哪'类词"。

5.3.1.1 多少

(一) 多少+NP+(感叹标记)

"多少"可以后加名词性成分，再加感叹标记，形成"多少+NP+(感叹标记)"构式表感叹。构式中的"NP"可以是名词或名词词组；感叹标记主要为语气词"啊"、感叹符号或感叹语调。例如：

(1) 全国几十万个企业，几百万个生产队都开动脑筋，能够增加<u>多少财富啊</u>！

(2) 看着来自故乡的亲人，她有<u>多少话儿</u>要诉说啊！

(3) 这其中包含着<u>多少感人的故事</u>！

"多少"在上述三个例句中分别与名词"财富"、"话儿"和名词词组"感人的故事"同现表感叹，例(1)是感叹"财富之多"，例(2)是感叹她要跟来自故乡的亲人诉说的"话儿之多"，例(3)是感叹"感人的故事多"。可见，"多少"在这些例句中都是感叹"量多"。

（二）不知(不晓得)+VP+多少+(NP)

石毓智(2006:16)认为"不知"是感叹句初期的语法特征之一，(即在感叹句发展初期，"不知"作为感叹的标记使用非常活跃)但在现代的感叹句已很少使用，特别是在当代的口语中更是如此。而我们在语料中还是发现了不少"多少"和"不知(不晓得)"同现表感叹的用例，其结构为"不知(不晓得)+VP+多少+(NP)"，其中的VP与NP往往形成动宾关系。例如：

(4) 殊<u>不知</u>东风人为此付出了<u>多少</u>心血！

(5) 轻描淡写的一席话，却<u>不知</u>蕴含着多少艰辛！

(6) 不要只看到我们的工作确实有成绩，天天暴露的问题<u>不晓得</u>有<u>多少</u>啊！

例(4)、(5)都是"不知+VP+多少+NP"结构，其中例(4)为"不知付出了多少心血"，例(5)为"不知蕴含着多少艰辛"。例(6)为"不晓得+VP+多少"结构，VP的对象作为话题出现于该结构前。在"不知(不晓得)+VP+多少+(NP)"结构中"多少"同样是感叹量多，如例(4)是感叹"东风人付出的心血多"，例(5)是感叹"轻描淡写的一席话中所蕴含的艰辛多"，例(6)是感慨"我们工作中天天暴露的问题之多"。

5.3.1.2 怎么

(一) 怎么+"这/那" 类词+X

"怎么" 可以和 "'这/那' 类词+X" 同现，形成 "怎么 '这/那' 类词+X" 构式表感叹。其中，"这/那" 类词主要为 "这么、这样" 和 "那么、那样"；X主要为形容词或动词词组。例如：

(1) 命运啊，你<u>怎么这么残酷</u>！

(2) 上帝啊，上帝，我<u>怎么这样不幸</u>！

(3) 莎馨卡<u>怎么那样厉害</u>！老是下命令 — 你们应当这样，你们应当那样 …

(4) 我<u>怎么那么没出息</u>呀！

(5) 他<u>怎么那么富有创造力</u>啊！

例(1)-(2)是 "怎么" 和 "这么、这样" 连用表感叹的情况；例(3)-(5)是 "怎么" 和 "那么、那样" 的连用。"怎么" 和 "这么、这样" 连用时，前面的主语以第一、二人称为主；"怎么" 和 "那么、那样" 连用时，前面的主语第一、二、三人称都可以。另外，例(1)-(3)中的X为形容词，例(4)、(5)中的X为动词词组。构式感叹的是 "X" 程度之深。

(二) "怎么" 独用

"怎么" 独立成句时也可以表感叹，主要是位于句首，表示诧异、奇怪、意外、愤怒等情绪。例如：

(6) "怎么！你们的菜都是这样贵的吗？" 我不禁跳起来。"先生，现在什么都贵了，家家都贵了。这里猪肉卖一块钱一斤，鸡蛋一个卖一毫，白菜跟鸡蛋一样价，有的时候比鸡蛋还贵。" 这是侍役的解释。

(7) "别了，妈妈"。"怎么！今天就走！" 她高声惊呼，好像会永远失去他。

(8) 他是第二十次发怒了。"怎么！我们给他们说法语、英语、德语、拉丁语，可是这些混蛋就没有一个人懂得礼貌，连理也不理！"

例(6)是说话人听到侍役报菜价时所显现出的诧异之情，觉得菜价太贵；例(7)是妈妈没想到 "他" 今天就走，对 "他" 今天走表示意外；例(8)是说话人用 "怎么" 来表示愤怒，因为对 "他们" 照顾周全，但 "他们" 却理也不理。"怎么" 独用表感叹时主要用于对话体。

5.3.1.3 什么

（一）什么+NP

"什么" 可后接名词性成分形成 "什么+NP" 构式表示感叹，NP的感情色彩主要为中性或贬义，构式表示否定或消极的语义。如：

(1) 谈到了火器，我和堂·吉诃德意见完全一致：发明火器的家伙，必定是魔鬼之流，应当千刀万剐：既不用三角学，也不用微积分，拿个破管子瞒着别人，二拇指一动就把人打倒了，这叫他妈的<u>什么事</u>呀！

(2) 她还指着我大声说："你是<u>什么态度</u>！<u>什么工作态度</u>！"

(3) 表弟转过身，用手电照着他的脸，恼怒地问："丁师傅，你<u>什么意思</u>啊！"

(4) 看看他自己设计的这<u>什么破玩意儿</u>！

(5) 佩尔西科夫把眼镜往额头上推了推，然后又将它挪到眼睛上，端详着这幅图片，过后，他极其惊讶地说道：<u>什么鬼东西</u>呀！

(6) 瓦季勒森突然抬起头来说道："喂，女人，你耍的<u>什么把戏</u>！从路中心把我牵到你家里，嘲弄这无辜受辱的异乡人来满足你冷酷无情的好奇！

例句(1)-(3)中的"什么"后接中性词，表达说话者强烈的感情，表示有关事物的性质不好，令人伤心、不满、气愤等。如例(1)用"这叫他妈的什么事呀！"表示"我"对发明火器者的气愤；例(2)中"她"很生气，用"什么(工作)态度"表示对我的不满；例(3)中表弟很愤怒，用"什么意思" 对对方的行为表示质问。

在例(4)-(6)中，"什么"后面所接的名词性成分分别为"破玩意儿"、"鬼东西"、"把戏"。从感情色彩来讲，这些词均含有贬义，说话人用"什么+NP(贬义)"表示气愤、不满、不情愿的情感。

(二)"什么"独用

"什么"也常以独用的方式表感叹，主要位于句首，表示气愤、不满、诧异、意外等。

(7) "什么！"陈毅惊讶地瞪大眼睛，指着自己的鼻子问道，"叫我不要讲话？！"周恩来肯定地点点头。陈毅愕然。"文革"以来，有不少同志劝他不要讲话，少惹麻烦。周总理没有劝过。况且，就是两三天前，周总理还请他出面讲话嘛！

(8) "叫他们给我做一个'清蒸癞蛤蟆'！"灵珊说。"什么！"邵卓生吓了一跳，呐呐地说："有…有这样一道菜吗？清蒸什么？"

(9) "我是说…"江仲亭胆怯地望水山一眼，"我的意思，该别人去干啦"。"什么！"水山突然站住，前额上那三条皱纹在跳动，"说了这半天，你还是不愿去啊！"

(10) "事实上，咱们教育界都在准备上最后的一课。…""什么！清华要搬家？"李槐英睁大眼睛急急地插了一句。

在例(7)中，"不少同志劝陈毅不要讲话，少惹麻烦，但周恩来从来没有劝过"，而现在，周恩来却不让陈毅讲话，陈毅对此感到非常意外，用"什么！"表达了自己的诧异之情。在例(8)中，灵珊点了一道菜——"清蒸癞蛤蟆"，邵卓生因从来没听说过，用"什么！"来表示惊讶与不相信。例(9)用"什么"表达了水山对江仲亭"不愿去"的不满；例(10)中，李槐英睁大眼睛，对"清华要搬家"表示意外。

可见，"什么"独用表感叹时，主要是对对方的话语或行为感到意外或不相信，其含义多带有消极或否定，主要表达了说话者诧异、不满、埋怨、抱怨等多种情感。与"怎么"一样，"什么"独用表感叹主要也是用于对话体。

5.3.1.4 "哪" 类词

"哪" 类词表感叹时，常常是后接动词，然后再与句末语气词 "啊、呀" 或 "这/那" 类词同现，形成 "(X)+ '哪' 类词+V+(Y)" 结构。构式常含否定义，表达了否定性的感叹。例如：

(1) 大家都太累了，很快都睡着了。谁知就在这时，一颗炸弹在窗台上爆炸了。我们一屋子人被炸死 6 个。"这样偷偷摸摸地干，<u>哪像军人呀</u>！" 山田真的很气愤，他大口喘着气，半天缓不过来。

(2) "有你这么说话的吗？" 金一趟狠狠地瞪了女儿一眼。他<u>哪儿知道</u>女儿的心思啊！

以上两个例句中的Y均为语气词，"哪" 类词在这里通过否定V来表达感叹。如例(1)的 "哪像军人" 表示 "不像军人"，表明山田对那些军人偷偷摸摸仍炸弹的行为非常气愤；例(2)的 "哪儿知道" 意思是 "不知道"，表示女儿心思很深，金一趟根本就不能了解。

(3) 麦三下班回到家就埋怨丈夫在家里一天都不收拾房子，<u>这哪儿像个家</u>，纯粹是个狗窝！

(4) 到了下午，"老师" 把考题和答案写在黑板上，让大家抄，并且告诉大家明天就考这些题。第二天早上，考卷发下来，果然如此，于是整个考场一片哗然。许多人气愤地说：<u>这哪是培训啊！</u>是变着法子让企业拿钱。

(5) 他们说："鬼子掌柜的不知叫谁杀了"。我急忙站起来说："真的么？<u>哪有这种事</u>！跟我去看看！"

上述三个例句中的X和Y主要为"这"类和"那"类词,"哪"类词在这里同样是通过否定V来表达感叹,但感叹的程度要比前两例深。如例(3)"这哪儿像个家"意思为"这不像个家",表达了麦三对丈夫的埋怨与不满;例(4)"这哪是培训啊"意思是考前告诉培训者考题与答案,"这简直不像培训",表达了说话者的意外和气愤;例(5)中,"我"对"鬼子掌柜的不知叫谁杀了"这件事感到非常意外和震惊,用"哪有这种事"表示了"我"的惊诧之情。

5.3.1.5 复现的疑问代词

复现的疑问代词也可以表示感叹,有此用法的主要为"多少多少",并常以"V/A+多少多少+X"的形式出现。例如。

(1) 解放前那些年,天下大乱,有<u>多少多少</u>人家丢了亲人!

(2) 野求又扯住了姐丈。"默吟!我还有<u>多少多少</u>话要跟你谈呢!"

(3) 一直等老三说完,钱诗人才出了声:"好!你看见了中国!中国正跟你、我一样,<u>有多少多少</u>矛盾!"

(4) 比起省港罢工、出师北伐、广州暴动,还不知要大<u>多少多少</u>倍呢!

"多少多少"在例(1)-(3)中形成"V+多少多少+N"结构,其中,V为动词"有",N分别为"人家"、"话"、"矛盾","多少多少"主要在此感叹N的数量之多。如例(1)强调"丢了亲人的人家"数量之多,例(2)表示要说的话很多,例(3)是感叹中国目前的"矛盾"之多。例(4)的结构为"A+多少多少+M"，表示A的数量多、程度高、范围大。如例(4)是感叹谈话主题的影响比"比省港罢工、出师北伐、广州暴动还要大"。

5.3.1.6 疑问代词表感叹的特征

现代汉语中的大多数疑问代词都有感叹功能。我们主要考察了较为典型的多少、怎么、什么及"哪"类词。

"多少"主要以"多少+NP+(感叹标记)"及"不知(不晓得)+VP+多少+(NP)"两种结构来表示感叹，两种形式都是感叹"量多"。

"怎么"表感叹时，如以"怎么+'这/那'类词+X"的形式出现则表示"X"程度之深；如在对话体中独用，则可表诧异、意外、气愤等多种情感。

"什么"和"'哪'类词"表感叹时，语义中常含有否定或消极义，表达了否定性感叹，主要表示意外、不满、诧异、斥责、愤怒等情绪。

此外。"多少"的复现形式"多少多少"也可以"V/A+多少多少+X"的形式表示感叹，主要是感叹数量多、程度高或范围大。

5.3.2 对应形式

5.3.2.1 多少

"多少"表感叹时，主要是感叹量多，在韩国语中可用感叹句或陈述句来表达。如：

(1) 满满的一屋子得有<u>多少</u>人哪！
한 방 가득하니 도대체 <u>몇</u> 사람<u>이나</u> 되나!

(2) 他在旧社会尝受过<u>多少</u>痛苦啊！
그는 구사회에서 <u>얼마나 많은</u> 고통을 맛보았던가!

(3) 埋没了<u>多少</u>人才！
<u>많은</u> 인재를 매볼시켰다.

(4) 她那一对媚人的星眸中蕴藏了<u>多少</u>智慧啊。
그녀의 그 매혹적인 아름다운 눈에는 <u>수많은</u> 지혜가 감추어져 있다.

例(1)、(2)对应于韩国语感叹句, 韩国语后缀 "-(이)나" 常附于数量名词

后表感叹, 强调数量之多。"多少" 在例(1)中是用 "몇" 加 "-(이)나" 来对应；在例(2)中是用 "얼마나" 加 "많다" 的冠形词形 "많은" 来对应。例(3)、(4)则对应于韩国语陈述句, "多少" 在其中可对应于韩国语表量多的形容词 "많다" 和 "수많다" 的冠形词形 "많은" 和 "수많은"。

5.3.2.2 怎么

"怎么" 表感叹时主要是感叹程度之深, 相当于韩国语疑问副词 "왜"、"어떻게"、"어찌"。例如：

(1) 咳！我<u>怎么</u>这么糊涂！
아이구! 내가 <u>왜</u> 이렇게 멍청하지!

(2) 你们<u>怎么</u>这么快呀！

어떻게 이렇게 빨리 하였니?

(3) 人非草木, <u>怎么</u>能那样无情?！
목석이 아닌 이상 <u>어찌</u> 그리도 무정하랴?

由上例可见, "怎么" 在表感叹时, 后面常接表程度深的 "'这/那' 类词+形容词" 结构。韩国语与其类似, "왜"、"어떻게"、"어찌" 也是感叹后接结构的程度之深。

5.3.2.3 什么

韩国语疑问冠形词 "무슨" 也有感叹功能, 而 "什么" 表感叹时, 主要又是后接名词, 因此主要对应于 "무슨"。如：

(1) 你这是<u>什么</u>态度！
너 이게 <u>무슨</u> 태도야！

(2) 怎么只有足球场, 这<u>什么</u>意思啊！
축구장만 있다는 게 <u>무슨</u> 말이에요.

(3) 你到底在玩儿<u>什么</u>把戏！
너는 도대체 <u>무슨</u> 농간을 부리려 하냐.

(4) 没用几天就坏了,这<u>什么</u>破玩意儿！
며칠 쓰지도 않았는데 고장이 나다니. 이 <u>무슨</u> 형편없는 물건이야!

此外, "什么" 也可独用表感叹, 主要表示一种不满或诧异的情绪, 相当于 "뭐(야)" 或 "뭐라고"。例如：

(5) <u>什么</u>！那是真的？

뭐! 그게 정말 사실이야?

(6) <u>什么</u>！你没发烧吧？

    <u>뭐라고</u>! 너 머리에 열나는 건 아니겠지?

(7) <u>什么</u>！九点了，车还没有开！

    <u>뭐야</u>! 9 시인데 차가 아직 출발하지 않았다고!

"什么" 在例(5)—(6)中表示意外、诧异，在例(7)中表示不满，可分别对应 "뭐"、"뭐라고"、"뭐(야)"。

5.3.2.4 "哪" 类词

由于韩国语疑问词 "어디" 也有感叹功能，"哪" 类词表感叹时常对应于 "어디"，有时也可直接对应感叹标记 "구나"。如：

(1) 腰杆子直直的，<u>哪</u>像八十多岁的人哪！

    허리가 꼿꼿한 게, <u>어디</u> 팔십이 넘은 사람 같은가!

(2) 平时不努力工作，现在想不劳而获，<u>哪儿</u>有这么便宜的事！

    평소에 노력하시 않고 지금 와서 공짜를 바라는데 세상에 그렇게 쉬운 게 <u>어디</u> 있어!

(3) 他想得倒挺美，天下<u>哪</u>有那么好的事！

    그는 꿈을 꾸고 있는 거야, 세상에 <u>어디</u> 그렇게 좋은 일이 있겠어

(4) 呵，真是的，<u>哪</u>能有这么希奇的事！

    허, 그것참, 희한한 일이<u>구나</u>!

以上例(1)-(3)中的 "哪" 类词对应韩国语 "어디"，例(4)中的 "哪" 类词则对应于韩国语感叹标记 "구나"。

5.4 话语标记及其对应形式

5.4.1 话语标记

疑问代词表达最大程度的主观化时，其语法化程度也是最高的，即疑问代词从句子中分离出来而成为一个独立成分。疑问代词"怎么"可作为话语标记单独出现于句首；"什么"前面加上"这、那"构成"这什么、那什么"后，也可作为一个话语标记出现于句首。

话语标记是一种话语层次上的标记，不具有任何概念意义，不会对句子的命题意义产生任何影响。话语标记只是话语单位之间的一个连接、依附成分，具有提示、组织连接话语、对话题话轮进行处理，使上下文关系明确、前后话语更加连贯的作用。话语标记可以更加清楚地表明说话者的立场，更加有效地传达说话者的情感及态度。

话语标记具有主观性和程序性特征。主观性指的是说话人对话语单位之间的关系和话语单位与语境之间关系的主观认识；程序性指的是话语标记表达的是程序意义，因为话语标记并不影响命题的真值，而只是影响对于话语单位之间的关系的理解，因此表达的是程序性意义[1]。

根据Halliday(2000:17-33)[2]我们认为，疑问代词"怎么"和"什

---

1) 参见董秀芳(2007)。

2) Halliday(2000:17-33)提出了语言的三大元功能：概念功能、人际功能和篇章功能。概念功能指用语言表达我们对经验世界的看法；篇章功能指用语言来组织信息和话语；人际功能体现的是语言作为交际手段实现了人和人之间的沟通，我们在交际中用语言来表达一定的需求和目的。

么”的话语标记功能主要体现在篇章功能和人际功能两个方面。

5.4.1.1 篇章功能

篇章功能是指把语言成分组织成语篇的功能。“怎么”和“什么”根据在句中所出现位置不同，表现出不同的篇章功能。出现于句首，主要有引入话题、占据话轮的功能；出现于句中，主要起到转化话题、拉回话题、修复话语的功能。

(一) 引入话题

在日常交际中，当说话者打算开始一个话题的时候，为了不使话题的出现显得突兀，在说出话题之前，说话人常用话语标记来起到一个导入的作用，然后可以自然地开始要说的话题。“这/那什么”和“怎么”都有引入话题的功能。例如：

(1) 瑞丰独自回到家中，应酬公事似的向祖父和母亲问了安，就赶快和瑞宣谈话：“<u>那什么</u>，你们学校的校长辞职—这消息别人可还不知道，请先守秘密！”

(1) 瑞丰独自回到家中，应酬公事似的向祖父和母亲问了安，就赶快和瑞宣谈话：“你们学校的校长辞职—这消息别人可还不知道，请先守秘密！”

(2) 江父一跺脚：“<u>这什么</u>，我告诉你们，那口棺材我真的没退，再说也退不掉了，我让人把它抬回来了，就放在后院库房里，真要有个好歹，我也不怕！”他突然捂着脸蹲下去，牛鸣一样哭起来。

(3) 大约过了一个多小时，朋友来电话说：“<u>怎么</u>，真的想收小姑娘当徒弟呀？谈了这么久还不放她回来？”我诧异道：“她早走了呀！”

例(1)-(2)是“这/那什么”的用例，例(3)是“怎么”的用例。在例(1)中，瑞丰回到家就赶快去找瑞宣谈话，想和他说瑞宣所在学校校长辞职的消息，谈话用“那什么”开头，意在提示对方自己下面有话要说，这样听话人好有心理准备。如果将“那什么”去掉，直接进入后面的话题，则显得突兀不自然，听话人心理上也难以接受，如例(1′)。例(2)、(3)中的“这什么”和“怎么”有着同样的作用。可见，话语标记“这/那什么”、“怎么”都有自然引入话题的语篇功能。

(二) 占据话轮

说话人在发话时，由于一时想不起或找不出要说的内容时，会造成话语暂时中断，为了占据话语权，使自己的话语能够持续下去，说话人可用“这/那什么”来占据话轮，以便给自己争取充分的思考时间，组织好要表达的内容。例如：

(4) “<u>那什么</u>，”王二搓着手说，“我来看房，怎么进去呀，大门锁着呢。<u>那什么</u>，雪后寒，真冷！<u>那什么</u>，曹先生，曹太太，都一清早就走了；上天津，也许是上海，我说不清。左先生嘱咐我来看房。<u>那什么</u>，可真冷！”

在例(4)中，每个小句句首都有一个“那什么”，说话者用“那什么"来占据话语权，以便给自己争取时间组织语言，使话语能够持续下去。此时的"那什么"只是起到一个语气词的作用，相当于"嗯、哎"等，可见，"什么"的虚化程度已相当高。

(三) 转换话题

转换话题指的是从当前正在谈论的话题转换到一个新的话题，是想把新话题焦点化。"这/那什么"和"怎么"都有这种转换话题的功能。

(5) 唐石青："老杨，赶紧回去！等一会儿，我教王科长去接他，他要是不肯来，你得帮助王科长劝驾。杨柱国："好，我马上回去。<u>那什么</u>，平亦奇来了没有？"

(6) 章亚若并不坐下，伫立书柜外，浏览一番，这是她的习性。见蒋经国为她倒开水，忙说："蒋专员，我就要在公署工作啦，您甭客气。"蒋经国照倒不误，咧着大嘴笑答："下不为例。此刻你还算我的客人嘛。<u>怎么</u>，你也很喜欢书？"章亚若点点头。

例(5)、(6)分别是用"那什么"和"怎么"来转换话题的用例。其中，例(6)是章亚若和蒋经国的对话。章亚若看到蒋经国为她倒开水，忙表示客气，蒋经国说："下不为例，但此刻你还算我的客人嘛。"，这是第一个话题。然后蒋经国看到章亚若并不坐下，而是伫立书柜外浏览一番，就问："你也很喜欢书？"，这是第二个话题。两个不同的话题之间有"怎么"来进行转换，使得衔接自然流畅。如将"怎么"去掉，既感觉不礼貌又显得太突然。例(5)中的"那什么"也是同样的作用。

(四) 拉回话题

"这/那什么"有拉回话题的功能。当谈话的主题逐渐偏离最初话题时，可用"这/那什么"来把话题重新拉回到原来的话题上。

(7) "我知道你要说什么！我五年前就想辞了他！可是，他走了，我怎么办呢？" 二哥也不知怎么觉得一阵难过，他赶紧把话拉回来："那，那什么，定大爷，您看王掌柜的事儿怎么办呢？"

例(7)中，二哥为王掌柜的事儿来见定大爷，但二人聊着聊着就聊到了别的事儿，后来说到定大爷的管家，二哥不知怎么觉得一阵难过，然后忽然想到自己来的目的是为了王掌柜，所以赶紧用"那什么"把话题拉回到王掌柜的事情上。如原文去掉"那什么"会觉非常突兀，衔接很不自然。

(五) 修复话语

言语交际中有时会出现口误现象，当说话人发现自己的话语有误时，可用"这什么/那什么"来对错误话语进行修复。

(8) 咱爸，咱妈，咱媳妇，哎，不是，那什么，我是说你媳妇，都在咱家呢。(转引自陈希 2009)

亲密朋友之间，为表示亲近可称呼对方父母为"咱爸、咱妈"，但不能说"咱媳妇"。例(8)中，说话人说"咱爸，咱妈"时，因一连说了两个"咱"，接着便顺口说了"咱媳妇"，然后马上发现不对，赶忙用话语来进行修复。"那什么"在这里就起到一个修复错误话语的功能。

5.4.1.2 人际功能

人际功能是指表达说话者的身份、地位、态度、动机和他对事物的判断和评价等功能(胡壮麟等，2017:110)。说话人使用话语标记时，一方面可以更流畅、更准确地和听话人进行信息交流，另一方面也可以体现自己的立场和情感，更好地表情达意。

(一) 表示委婉

说话者在发话时，有时为了避免生硬，会使用"这/那什么"来起到舒缓的作用，使话语带有一种商量的语气，显得客气、礼貌、委婉。如：

(1) 栗师长，那什么，一点小小的手续，请登记一下。请把军人通行证 … 我们登记一下号数。

在上例中，听话人是栗师长，比说话人级别高。说话人出于工作需求要让栗师长登记，但如果直接说"请登记一下"显得生硬不礼貌，所以称呼完"栗师长"后用"那什么"来过渡，以起到一个舒缓的作用，显得语气委婉客气，避免了直接表述带来的不妥。

（二）表示不满

当说话人对听话人的行为或言语感到不快或气愤时，可以使用话语标记"怎么"来表达自己的不满情绪。如：

(2) 正在执勤的况保华看到有人在暴雨中有人撑伞骑车，便随即走过去，骑车小伙子看见他一愣，便从口袋里掏出 5 元钱，说道："罚吧！"况保华不动声色地接过钱，并打手势示意小伙子把车推到岗亭边，违章小伙子说："<u>怎么</u>，罚了款还要扣车？"

由例(2)可见，骑车小伙子知道自己骑车撑伞不对，看到执勤交警就主动掏出5元钱，而交警接过钱后又示意小伙子把车推到岗亭边，小伙子见状以为警察要扣车，便气愤地质问"怎么，罚了款还要扣车？"。这里用"怎么"既表达了小伙子不满的情绪，又显示出自己质问的语气。而如果没有"怎么"，则"罚了款还要扣车？"既可表疑问也可表反问，即使表反问，其所表达不满情绪也不明显。

（三）表示吃惊

"怎么"作为话语标记使用时，常常表示惊奇、惊讶，即说话人没有预料到对方会说出这样的话。如：

(3) 就在这次采访中她突然对我说："小叶，我大概不能再写稿了，这篇稿子一定要写好，也许这是我新闻工作的关门之作。" 我一惊："<u>怎么</u>，你要离开新闻界？"

(4) 我说："不仅觉得突然，而且很惊奇！但他很镇定，一如既往一样，深夜打电话把我叫到他的卧室里商议。"他惊奇地问："怎么，你能到他卧室里私会议事？"

在例(3)中，当她跟我说这篇稿子也许是她新闻工作的关门制作，我感到非常惊讶，首先用"怎么"表达自己惊讶之情，然后再提出自己的疑问"你要离开新闻界？"。同样，在例(4)中，当我说他深夜打电话叫我去他卧室商议时，听话者感到非常吃惊，不敢相信我能到他卧室里私会议事，因此，作为发话者用话语标记"怎么"表达自己的惊奇、吃惊。另外，两个例句中分别有"突然"、"我一惊"、"他惊奇地问"等表出乎意料、吃惊的表达，所以说话者的"怎么"就显得尤为必要，如果将其去掉，不但说话者的惊讶程度有所弱化，而且也与要表达的语义有所不符。

(四) 表示意外

意外和吃惊有些相似，但又不完全相同。"怎么"表意外指的是，说话人原本以为会怎么样，但结果却不是这样。例如：

(5) 他一面品茶一面对我说："我最喜欢喝这种绿茶，很有味道。""怎么，像您这样留过洋又常出国的名教授，不迷咖啡吗？再说，如今在社会上，喝咖啡已经成一种时尚了。"

(6) 李宗仁穿笔挺军装，外披一件黄呢军大衣，来到蒋介石的居室。宋美龄以女主人的身份连忙打招呼说："李将军真是稀客啊，怎么，夫人没一起来呀？"说罢赶紧倒茶摆点心，招呼说李将军用茶点，又主动上前替他将外衣挂在衣架上，室内气氛顿时轻松多了。

例(5)中的"他"留过洋又经常出国，再加上，喝咖啡已经成为一种时尚，所以我以为他会喜欢咖啡，但他却说"我最喜欢喝这种绿茶，很有味道"，这让我感到非常意外。同样，例(6)中，宋美龄以为李宗仁会和夫人一起来，当看到只有李宗仁一人时，有些意外。如果此处将"怎么"去掉，则意外之义消失。

（五）表示关心

当说话人通过观察或言谈，认为听话人身体状况或心理状态与以往有所不同时，常常会通过言语来表示关心，这时往往就会用到"怎么"表"关心"的这一功能。

    (7) 又过了两天，午后时候，她见尤拉菲来了，远远看去，见她走路似乎有些不大利索，不像以往那样轻盈。尤拉菲走近了，泰恩察见她脸上现出病容。遂关切地问道："<u>怎么</u>，你生病了没有？"

例(7)中，说话人看见尤拉菲远远走来，注意到她走路不像以往那样轻盈，走进了又发现她脸上现出病容，遂判断她是生病了。说话人首先用"怎么"来表示关心，然后用"你生病了没有？"来进一步确认。文中有"关切地问道"，所以"怎么"不能少，不然语义与原文不符。

（六）表示担心

"怎么"还可表示担心，与表"关心"有所不同。表"关心"时一般语气温柔、关切，而表"担心"时语气则比较急促。例如：

(8) 待蒋介石约会后回到家里，不见了宋美龄，他很焦急："<u>怎么</u>，连个条子也没留下！"当时他等了一小时，还不见宋美龄的影儿，感到事情有些不妙，便立即回到屋里操起电话。直接通话是不可能的了，他拨通了宋子文的电话。

例(8)中，蒋介石回到家没看到宋美龄，心中很是着急，用"怎么"表达了自己的担心。如果这句话中没有"怎么"，那么"连个条子也没留下！"这句话更多的是表达埋怨，这与文中"焦急"一词语义不相称。

(七)表示挑衅

表"挑衅"是"怎么"作为话语标记使用的重要功能。日常生活中常会遇到这样的情况：面对对方的质疑，说话人认为自己的想法或行为是可行的，即使这种想法或行为是不可行或错误的，对方也无权干涉。因此当对方表示怀疑、质疑或表达自己的不满时，说话人会用"怎么"来表示挑衅。例如：

(9) 李宁玉：我说什么？

白秘书：招供！如实招供！

李宁玉：是肥原长安排你叫我招供的？还是王处长？

白秘书：是我自己，<u>怎么</u>，不行吗？

李宁玉：当然不行，你没这资格。

例(9)中，白秘书让李宁玉招供，并且要如实招供。李宁玉认为白秘书没有这个资格，就问是不是肥原长或王处长安排让白秘书来让李宁玉招供的。面对李宁玉的怀疑和质疑，白秘书非常不满，于是就说是他自己来的，并且用"怎么"后加"不行吗？"表示了自己挑衅的态度。去掉"怎么"后的原文虽然也可表反问、挑衅，但气势减弱，挑衅的语气没有原文强烈。

5.4.1.3 疑问代词作为话语标记的特征

疑问代词中，有话语标记功能的主要为"怎么"和"什么"。其中，"怎么"作为话语标记使用时可单独位于句首，其篇章功能不多，主要有引入话题和转化话题的作用；但其人际功能较为丰富，可以表示不满、吃惊、意外、关心、担心、挑衅等不同态度和情绪。而"什么"作为话语标记使用时常与指示代词"这、那"连用，组成"这什么、那什么"。"这什么"、"那什么"可作为独立成分位于陈述句、疑问句、祈使句和感叹句句首，主要有引入话题、转换话题、拉回话题以及修复话语、占据话轮等篇章功能，此外，"那什么"还具有表委婉的人际功能。"怎么"、"什么"的话语标记功能显示，二者已达到非常高的虚化程度。

语料显示，作为话语标记使用时"什么"绝大多数都是与"那"连用，与"这"连用的情况极少。这是因为，指示代词在虚化过程中，远指词比近指词虚化程度高。即"那"比"这"虚化程度更高，这里"什么"语义已经虚化，当然与虚化程度高的词在一起结合更为自然[3]。

---

3) 见王海峰(2002)

5.4.2 对应形式

5.4.2.1 怎么

感叹词通常位于句首，独立于其它句子成分，主要表示感叹、呼唤和应答。感叹词也常表示说话人的惊讶、不满、高兴、担心、焦急、悲伤等情绪。"怎么"作为话语标记使用时，常常对应于韩国语感叹词。如：

(1) A：<u>怎么</u>，这就走？

　　<u>왜</u>, 벌써 가려고?

B: 嗯，时间不早了，我得回去接孩子了。

　　응, 시간이 늦었어. 아이를 데리러 가야겠어.

(2) <u>怎么</u>，哪里不舒服吗？

　　<u>왜</u>, 어디가 아프세요?

(3) <u>怎么</u>，汇率又升上去了？

　　<u>아니</u>, 환율이 또 올랐어?

(4) <u>怎么</u>，你不认识我了？

　　<u>아니</u>! 너 날 모르겠다구?

(5) <u>怎么</u>，你又改变主意了？

　　<u>어</u>? 너 또 생각이 바뀌었구나?

(6) <u>怎么</u>，那个舞会你也参加了？

　　<u>응</u>? 그 무도회에 너도 참가했다고?

在韩国语中，位于句首的"왜"、"아니"、"어"、"응"都有感叹词的词性，可表示惊讶、感叹、焦急、慌张、关心、悲伤等语气，相当

于汉语的"啊、呀、嗨、哎、哎呀"等。在以上六个例句中，"怎么"
可分别对应"왜"(例1-2)，"아니"(例3-4)，"어"(例5)、"응"(例6)。

5.4.2.2 什么

韩国语疑问词"왜"有话语标记功能，常用于首发句句首表示
提醒、提示，表明说话者希望通过"왜"的提示来引起对方注意、唤
起对方记忆，以便得到对方的确认，类似于一个感叹词。"什么"作
为话语标记使用时基本对应于韩国语的"왜"。例如：

(1) <u>那什么</u>，那人不是一喝酒就话多嘛。
<u>왜</u>, 그 사람 술만 먹으면 말이 많아지잖아.

(2) <u>那什么</u>，那个新来的男老师。
<u>왜</u>, 그 새로 오신 남자 선생님 있잖아.

例(1)用"那什么"来提醒对方"那人一喝酒就话多"，以便唤起
对方记忆，可对应于韩国语"왜"；同样，例(2)也是用"那什么"提
醒对方，表示自己接来下要说关于那新来的男老师的事儿，可完全
对应于"왜"。

韩国语"저기"是一个感叹词，表示说话人在谈话过程中，思
考接下来要说的话，也有提醒对方注意的功能。"什么"作为话语
标记使用时，也可对应于"저기"。如：

(3) <u>那什么</u>，我先走了。
<u>저기</u>, 나 먼저 간다.

(4) <u>那什么</u>，那个开小吃摊儿的那个人

　　<u>저기 뭐냐</u>, 왜 포장마차 한다는 사람 있잖아.

　　例(3)表示在谈话过程中说话人要走，用"那什么"来提醒对方注意，可对应于感叹词"저기"；例(4)用"那什么"既表示说话人一边思考自己要说的话，同时也提醒对方自己要说的这个人对方是知道、了解的，希望能唤起对方的记忆。因韩国语可以多个感叹词连续使用的，因此可对应韩国语"저기 뭐냐, 왜"。

5.5 小结

　　本章我们主要考察了疑问代词的边缘语义及其在韩国语中的对应形式。边缘语义的特征表现为[-疑问]、[-指代]，即疑问代词在边缘语义阶段既不表疑问，也不表指代，而是从主体感知的角度来表达立场、态度和情感等主观意义。根据主观化程度，可将疑问代词的边缘语义依次分为反问、否定、感叹和话语标记四类，这四类语义从不同的角度来表现其主观意义。

　　反问是用特指问的形式表示强调的一种方式，表达说话者某种非常明确的看法，有着加强语势，显示特殊语用效果的作用。其肯定形式表示否定意义，否定形式表示肯定意义。表反问的疑问代词并不负载疑问信息。疑问代词表反问，通常是既与标记形式同现，又有上下文的提示信息。标记形式主要为能愿动词（"能、会、敢、肯"）、副词(还、又)、否定词"不、没(有)"、指示代词（"这"类词、"那"类词)及动补结构等，我们可称其为疑问代词反问标记。

与单个反问标记相比，疑问代词更常与多种标记同时出现表反问。上下文的提示信息指的是这样的情况，如"她还是个孩子，心理上尤其是，她哪里能懂得这些？"中"她还是个孩子，心理上尤其是"是前提信息，在这样的情况下，说话人对"她是否能懂得这些"表示怀疑，因而使用反问形式"她哪里能懂得这些？"对此进行质疑，认为她不会懂得这些，从而使得该反问句显现出否定意义。

韩国语疑问词基本也都有反问功能，因此表反问的汉语疑问代词通常对应韩国语疑问词。其中，"谁"、"什么"表反问时主要对应韩国语具有相同指代意义的"누구(누가)"、"무슨、무엇(뭐)"，如5.1.2.1中的例(1)-(10)，5.1.2.2中的"什么"。"哪/哪儿/哪里"用于反问时，可直接对应韩国语"어디"，如5.1.2.3中的例(2)-(5)、5.1.2.4中的例(3)-(7)。此外，因其语义相当于"怎么"，也可对应表反问的韩国语疑问副词"어떻게"、"어찌"，如5.1.2.3中的例(7)-(9)、5.1.2.4中的例(1)-(2)和例(8)-(12)。"多少"表反问主要对应韩国语疑问数词"얼마"、"몇"加"-(이)나"组成的"얼마나"和"몇이나"，如5.1.2.5中的例(1-3)。"几"表反问主要对应"몇"或"몇이나"，如5.1.2.6中的例(1)-(4)。表反问是"怎么"最常见的用法，主要可对应韩国语疑问副词"어떻게"(例1、3、10、11、12、13、15)、"어찌"(例2、7、8、14)、"왜"(例4、5、6)和"어째서"(例9)。表反问时"怎样、怎么样"可对应于韩国语"(뭐) 어때"、"어떻다"、"어떻게 하다"或"어찌 하다"等。

可见，汉语疑问代词表反问时，基本还是可以对应具有相同指代功能的韩国语疑问词，这也从另一个侧面说明疑问和反问的相关性。

否定指的是疑问代词不依赖任何否定标记，只是在交际过程中，通过一定的语境知识和语用推导，与被否定对象一起形成某种构式来逐步实现。否定主要表达一种语用功能，即说话者对某种事物的否定态度，如：不满、讽刺、反驳、禁止、劝阻、谦虚、委婉、不以为然等等。

能表否定的疑问代词主要为"什么"和"'哪'类词"。其中，"什么"表否定主要出现于以下几种结构："X+什么"、"X+什么+X"、"X+什么+Y"、"有+什么+Y"、"什么+NP"、"什么+引用语"、"什么+'X不X(的)'"、"什么+呀/啊"。此外，"什么"的复现形式"什么什么"后加名词性成分也可表否定。"哪"类词表否定主要出现于"'哪'类词+V"、"'哪'类词+(的)+X"结构，也常用于"哪里哪里"、"哪儿跟哪儿"等某种固定的格式。此外，"哪"类词还可与"什么"同现来加强否定。不管"什么"还是"'哪'类词"，在表否定时，其所形成的结构往往都有前接句或后续句来说明否定的理由或者对所表达的情况进行补充；有时可用于对话，对对方的客气或夸奖自己的话表示一种委婉的否定，表达自己的谦虚和客气。

韩国语疑问代名词"무엇"的缩写形式"뭐"和疑问冠形词"무슨"也有否定功能，因此"什么"表否定时通常对应"뭐"和"무슨"。其中，因为在"V/A+什么"、"V/A+什么+V/A"和"有什么+A+的"、"有什么+好/值得V+的"结构中"什么"的主要同现成分是谓词性的，所以主要对应"뭐"，如5.2.2.1(一)、(二)中的所有例句。而在"X+什么+Y"结构中，"什么"位于动宾结构X和Y之间，形式上好像是Y的修饰成分，因此主要对应韩国语疑问冠形词"무슨"，如5.2.2.1(三)中的所有例句。另外，在"哪"类词中，"'哪'类词+VP"、"'哪'类词+VP+什么+NP"、"V(到)+'哪'类词+去了"结构中的"哪"类词主要对应韩国语表反问的疑问词"어디"、"어찌"、"어떻

게"、"무슨"，如5.2.2.2(一) 中的例(1)-(3)、(二) 中的例(6)-(7)、(五) 中的例(16)-(17)。当"哪"类词用于反问表谦虚时，常常是以单用或后面加名词"话"的形式出现，主要对应韩国语表谦虚的"별말(씀)"、"천만의 말씀"或"천만에"，如(三) 中的例(8)-(10)、(四) 中的例(13)-(14)。此外，"哪"类词表否定还可直接对应否定词或否定形式，如(一) 中的例(4)、(三) 中的例(11)-(12)、(四) 中的例(15)。

感叹指的是疑问代词与感叹词或句末感叹语调一起表达感叹语气的功能。疑问和感叹具有类似的语义结构和认知理据，因此，大部分感叹标记都是由疑问标记发展而来。

汉语大多数疑问代词都能与感叹语调同现表感叹，本章主要考察了较为典型的"多少"、"怎么"、"什么"和"'哪'类词"。其中，"多少"主要用于"多少+NP+(感叹标记)"、"不知(不晓得)+VP+多少+(NP)"两种结构表感叹，都是感叹"量多"。"怎么"表感叹主要也是有两种形式，一种是"怎么+'这/那'类词+X"，表示"X"程度深；另一种是对话体中独用，主要表诧异、意外、气愤等多种情感。"什么"和"'哪'类词"表感叹，语义中常含有否定或消极义，表达了否定性感叹，可表示意外、不满、诧异、斥责、愤怒等情绪。此外，"多少"的复现形式"多少多少"也可以"V/A+多少多少+X"的形式表示感叹，主要是感叹数量多、程度高或范围大。

"多少"表感叹，主要是感叹量多，可对应韩国语疑问数词"몇"、"얼마"加后缀"-(이)나"或"많다"、"수많다"的冠形词形"많은"和 "수많은"等形式，如5.3.2.1中的例(1)-(4)。"怎么"表感叹主要用于"怎么+'这/那'类词+形容词"结构，以感叹形容词程度之深，可对应韩国语"왜"、"어떻게"、"어찌"，如5.3.2.2.中的例(1)-(3)。"什么"表感叹主要有两种情况。一种是"什么+N"，此时"什么"

主要对应 "무슨"，如5.3.2.3中的例(1)-(4)；还有一种情况是 "什么"独用，相当于 "뭐(야)" 或 "뭐라고"，如5.3.2.3中的例(5)-(7)。"哪"类词表感叹主要对应同样可表感叹的 "어디"，如5.3.2.4中的例(1)-(3)；此外还可对应感叹标记 "구나"，如5.3.2.4中的例(4)。

话语标记指的是疑问代词从句子中分离出来而成为一个独立的、连接话语单位的依附成分，主要用于句首，表达说话者的立场、情感及态度。

有话语标记功能的主要为疑问代词 "怎么" 和 "什么"。其中，"怎么" 作为话语标记使用时可单独位于句首，有引入话题和转化话题的作用；此外，还可以表示不满、吃惊、意外、关心、担心、挑衅等不同态度和情绪。"什么" 作为话语标记使用时常以 "这什么、那什么" 的形式出现，"这什么"、"那什么" 可作为独立成分位于句首，主要有引入话题、转换话题、拉回话题以及修复话语、占据话轮等篇章功能，此外，"那什么" 还具有表委婉的人际功能。

话语标记是一种话语层次上的标记，不具有任何概念意义，因此作为话语标记使用的疑问代词译作韩国语时，主要是对应韩国语感叹词 "왜"(5.4.2.1中的例1-2、5.4.2.2中的例1-2)、"아니"(5.4.2.1中的例3-4)、"어"(5.4.2.1中的例5)、"응"(5.4.2.1中的例6)、"저기"(5.4.2.2中的例3-4)等。

第六章

结论

6.1 研究总结

本书以原型范畴理论为基础，考察了汉语疑问代词"原型语义—疑问、次边缘语义—非疑指代、边缘语义—主观情态"三种语义特征及其在韩国语中的对应形式，拟寻求汉语疑问代词在韩国语中的对应规律。

第二章首先从原型范畴理论视角来构建疑问代词的语义范畴系统。即以疑问代词语义所涉及的疑问、非疑指代和主观情态三个语义特点为框架，用原型范畴理论分别对疑问代词的原型语义、次边缘语义以及边缘语义进行分类描写和分析。全部拥有范畴语义特征[+疑问]、[+指代]的语义是原型语义；只部分拥有范畴语义特征[-疑问]、[+指代]的语义为"次边缘语义"；完全丧失范畴语义特征，只表示[-疑问]、[-指代]的语义称为"边缘语义"。对于疑问代词语义范畴扩展的机制与动因，我们认为主要与原型语义的辐射、隐喻和转喻的投射、主观因素的介入等三方面有关。

第三章主要考察疑问代词的原型语义及其在韩国语中的对应形式。疑问代词的原型语义为[+疑问]、[+指代]，其语义信息量丰富，有时同一个疑问代词可以有多种不同的疑问功能。如"什么"

可单用询问事物，也可后加名词性成分用以询问时间、地点、人物、方式、方法、性质、状态、原因等。疑问代词构成疑问句时的词序和陈述句相同，都在它所指代的那个词的位置上，句后一般不加疑问语气词，如需要可加"呢"。汉语语言成分间的关系，主要是通过语序来体现。疑问代词在句中的语序不同、位置不同，其所担当的句法成分也不同。汉语大多数疑问代词在句中可独立充当主语、宾语、定语、状语，只是做谓语和补语时较受限制。

因为韩国语疑问词的基本功能也是表疑问，因此，汉语疑问代词的原型语义基本可对应韩国语具有相同指代功能的疑问词。如问人物的"谁"基本可对应"누구"，问处所的"哪里、哪儿"基本对应"어디"，问方式的"怎么"基本对应"어떻게"等。但韩国语疑问词不是一个词类，而是疑问代名词、疑问数词、疑问动词、疑问形容词、疑问冠形词、疑问副词等表疑问的一类词的统称，其词性清晰、形态标志明显、分工较为明确。如"어느, 무슨, 어떤"三个词属于冠形词，冠形词的主要功能是做定语来修饰后面的名词性成分，所以在"什么+名词"、"哪+一量名"、"怎样/怎么样+数量"、"怎样/怎么样+的+名词"等结构中的疑问代词往往对应于"어느"、"무슨"、"어떤"等。

本书重点为第四章和第五章，第四章对疑问代词的次边缘语义进行分析，在此基础上考察表次边缘语义的疑问代词在韩国语中的对应形式。疑问代词在次边缘语义阶段不表疑问，只表指代，其特征表现为[-疑问]、[+指代]。根据具体指代内容的差异，疑问代词的次边缘语义可分为虚指、任指、互指、呼应指、例指、借指。

虚指指的是疑问代词指代不确定、不肯定的人或事物，有时是不知道、想不起、说不出的，有时则是不愿说出或不必明说的。疑

问代词常出现于非特指问句、否定陈述句和肯定陈述句表虚指。韩国语疑问词都有虚指功能，因此，汉语疑问代词可直接对应表虚指的韩国语疑问词。但与汉语疑问代词不同的是韩国语疑问词表虚指会有形态变化，即在疑问词后加词尾"(이)ㄴ가"这一形态标志。此外，不同疑问代词在对应韩国语时也表现出不同的个性。如"多少"表量多时可对应韩国语冠形词"온갖"或形容词"많다"的冠形词形"많은"，表量少时可对应韩国语副词"약간"、"다소"；"几"表量多时可对应韩国语"몇"加辅助词；"怎么"与否定词"不、没(有)"同现表虚指时，相当于韩国语副词"별로"、"그다지"后加否定形式；"怎样、怎么样"表虚指时主要构成"不怎样"、"不怎么样"的形式，可对应韩国语副词"별로"加否定词或形容词"되잖다"、"평범하다"、"형편없다"等。

任指指的是疑问代词可以指代所涉及范围之内的全部和一切，可表示任何人、事物、地点、时间、数量、方式、性状、程度等。表任指的疑问代词通常出现于"无论/不论/不管/任/任凭+疑问代词"、"疑问代词+都/也+(不/没)"、"无论/不论/不管/任/任凭+疑问代词+都/也/全/总/还/均"三种结构。韩国语疑问词也能与某些语法成分同现表任指，这些语法成分主要为助词、词尾或者"助词+副词"。与助词同现的主要为疑问代名词、疑问数词，与词尾同现的主要为疑问谓词或由疑问体词、疑问冠形词、疑问副词组成的谓词结构。助词主要有辅助词"-(이)나"、"-(이)든지"、"-(이)라도"和"-도"，其中"-(이)나"、"-(이)든지"、"-(이)라도"表示"无论前面情况如何，对后面的内容都没有影响"，相当于汉语连词"不管、不论、无论"，"-도"附于疑问体词后，相当于"都/也"。词尾主要为连接词尾"-든지"、"-아/어도"，其语义为"在前面所表示的任何条

件下，后面的结果都不变"。汉语疑问代词表任指主要对应韩国语疑问词与这些语法成分的同现形式。

互指指的是两个同形疑问代词一前一后所构成的形式，两个疑问代词不仅分别指代前文所提及的人或事物，还彼此互相指称。能表互指的疑问代词主要为"谁"和"哪个"，主要用于"谁+(也/都)+VP否定+谁"、"谁+X+谁"、"哪个+V+哪个"三种结构，且可以指人物、事物和动物，但所指对象不同。另外，表互指的结构要求句子主语必须为两个或两个以上的参与项。当主语为两个参与项时，结构表达一种相互性；当主语为两个以上参与项时，结构表达一种交互意义。韩国语疑问词也能表互指，但仅限于"누구"，并且不能指代事物和动物，只能指人。因此，当"谁"、"哪个"表互指指代人时，可对应"누구"。另外，当主语为两个参与项且指人时，疑问代词也可以直接对应"서로"而不出现"누구"，或者"누구"和"서로"同时出现。

呼应指也是指两个同形疑问代词一前一后所构成的形式，但两个疑问代词前后相承，呼应着使用，前一疑问代词表虚指或任指，后一疑问代词呼应其内容，与其所指相同。疑问代词用于呼应指时，可出现于复句的不同分句，也可出现于紧缩句，两个疑问代词可以是连用形式，也可以是隔用形式。因韩国语疑问词没有类似用法，所以汉语疑问代词表呼应指时往往要对应韩国语其他形式。主要有三种对应情况，一种是将汉语疑问代词所在的前项转换为定语来修饰与疑问代词相对应的名词、疑问代名词，而将疑问代词所在的后项转换为句子谓语部分。另一种是当呼应指结构为"想/爱/要/愿/喜欢(VP)Wh1+(VP)Wh2"时，因前后VP相同，该结构可转换为"按照自己所'想/爱/要/愿/喜欢'的VP"或"VP'想/爱/

要/愿/喜欢' VP的Wh"，主要可对应韩国语"VP+고 싶은+대로+VP"或"VP+고 싶은+Wh+VP"结构。还有一种情况是前后项中的VP不同，此时，汉语呼应指结构可转换为"按照所VP1的来VP2"，可对应韩国语"VP1+대로/만큼+VP2"结构。

例指指的是除了已列举项之外，还有一些尚未列举的同类项，具有列举未尽之义。同类项可以是词、短语，也可以是小句，主要表示一种客观列举。但当句中出现主观性较强的词语时，这种列举就带有了主观色彩，主要表达言者对列举项所表内容的否定、不屑、蔑视等带有贬义的消极情感。疑问代词中只有"什么"可单用表例指，并常用于"什么+X"、"什么+X+助词"、"X+标记词+什么+(Y)"、"X+什么的"、"V+X+什么的"。此外，"什么"和"谁"的复现形式也可表例指。其中，"什么什么"表例指时与"什么"相似；"谁"的复现形式表例指主要是在其后加上一个列举项形成并列列举项的形式或用于"X+谁谁谁+的"结构。韩国语疑问词鲜少有例指用法，因此，汉语疑问代词表例指时主要根据同现列举项的词性而分别对应韩国语表列举的助词"-(이)랑"、"-(이)며"、"-하고"、"-들"或词尾、"-(으)랴"和依存名词"등"、"등등"、"따위"等等；另外，如果句中列举项前有"如、像"等动词时，还可对应"… 같은 것"结构。

借指指的是当人们由于避讳、不便、或对某一信息一时想不起、说不清抑或是不想直说时，便会临时借用某一疑问代词来替代，所替代的信息一般是说话人可以确认的。现代汉语疑问代词有借指功能的主要为"谁"和"什么"。表借指时，疑问代词主要与指示代词"那"、人称代词及数字"一"等语法成分同现。此外，"谁、什么"的复现形式也能表借指。韩国语疑问词"누구"、"뭐"也

能表借指，因此"谁"、"什么"及其复现形式表借指时主要对应"누구"、"뭐"或其复现形式。另外，当"那谁"用于叫一个人的时候，可对应于韩国语代名词"거기"，二者都可在不知道或忘记那人名字时使用。

第五章主要考察了疑问代词的边缘语义及其在韩国语中的对应形式。边缘语义的特征表现为[-疑问]、[-指代]，即疑问代词在边缘语义阶段既不表疑问，也不表指代，而是从主体感知的角度来表达立场、态度和情感等主观意义。根据主观化程度，可将疑问代词的边缘语义分为反问、否定、感叹和话语标记四类。

反问是指说话者用特指问的形式表明自己看法的一种方式，有着加强语势，显示特殊语用效果的作用。其肯定形式表示否定意义，否定形式表示肯定意义。疑问代词表反问，通常是既与标记形式同现，又有上下文的提示信息。标记形式主要为能愿动词"能、会、敢、肯"，副词"还、又"，否定词"不、没(有)"，指示代词"'这'类词、'那'类词"以及动补结构等。提示信息一般在前文出现，表示在这样的前提下，说话人对疑问代词所指相关内容表示怀疑，因而使用反问形式对此进行质疑，从而使得该反问句显现出否定意义。

韩国语疑问词也基本都有反问功能，因此表反问的汉语疑问代词通常对应韩国语疑问词。其中，"谁"、"什么"主要对应韩国语具有相同指代意义的"누구(누가)"、"무슨、무엇(뭐)"；"哪/哪儿/哪里"用于反问时，可直接对应韩国语"어디"，也可对应表反问的疑问副词"어떻게"、"어찌"；"多少"表反问主要对应韩国语疑问数词"얼마"和"몇"加"-(이)나"组成的"얼마나"和"몇이나"；"几"表反问主要对应"몇"或"몇이나"；"怎么"表反问主要对应韩国语疑

问副词"어떻게"、"어찌"、"왜"和"어째서";"怎样、怎么样"表反问可对应韩国语"(뭐) 어때"、"어떻다"、"어떻게 하다"或"어찌 하다"等。

可见,汉语疑问代词表反问时,基本还是可以对应具有相同指代功能的韩国语疑问词,这也从另一个侧面说明了疑问和反问具有较强的相关性。

否定指的是疑问代词不依赖任何否定标记,只是在交际过程中,通过一定的语境知识和语用推导,与被否定对象一起形成某种构式来逐步实现。否定主要表达一种语用功能,即说话者对某种事物的否定态度,如:不满、讽刺、反驳、禁止、劝阻、谦虚、委婉、不以为然等等。能表否定的疑问代词主要为"什么"和"'哪'类词"。其中,"什么"表否定主要出现于"X+什么"、"X+什么+X"、"X+什么+Y"、"有+什么+Y"、"什么+NP"、"什么+引用语"、"什么+'X不X(的)'"、"什么+呀/啊"等结构。此外,"什么"的复现形式"什么什么"后加名词性成分也可表否定。"哪"类词表否定主要出现于"'哪'类词+V"、"'哪'类词+(的)+X"结构,也常用于"哪里哪里"、"哪儿跟哪儿"等某种固定的格式。此外,"哪"类词还可与"什么"同现来加强否定。不管"什么"还是"'哪'类词",在表否定时,其所形成的结构往往都有前接句或后续句来说明否定的理由或者对所表达的情况进行补充说明;有时也可用于对话,对对方的客气或夸奖自己的话表示委婉的否定,以表达自己的谦虚和客气。

韩国语疑问代名词"무엇"的缩写形式"뭐"和疑问冠形词"무슨"也有否定功能,因此"什么"表否定时通常对应"뭐"和"무슨"。在"哪"类词中,"'哪'类词+VP"、"'哪'类词+VP+什么+NP"、"V

272

(到)+'哪'类词+去了"结构中的"哪"类词主要对应韩国语表反问的疑问词"어디"、"어찌"、"어떻게"、"무슨";而当"哪"类词用于反问表谦虚时,通常是以单用或后面加名词"话"的形式出现,主要对应韩国语表谦虚的"별말(씀)"、"천만의 말씀"或"천만에";此外,"哪"类词表否定还可直接对应否定词或否定形式。

感叹指的是疑问代词与感叹词或句末感叹语调一起表达感叹语气的功能。汉语大多数疑问代词都能与感叹语调同现表感叹,本书主要考察了较为典型的"多少"、"怎么"、"什么"和"'哪'类词"。其中,"多少"主要用于"多少+NP+(感叹标记)"、"不知(不晓得)+VP+多少+(NP)"两种结构表感叹,且都是感叹"量多"。"怎么"表感叹主要用于"怎么+'这/那'类词+X"表示"X"程度之深,或者在对话体中独用,表示诧异、意外、气愤等多种情感。"什么"和"'哪'类词"表感叹时,语义中常含有否定或消极义,可表示意外、不满、诧异、斥责、愤怒等情绪。此外。"多少"的复现形式"多少多少"也能以"V/A+多少多少+X"形式表示感叹,主要是感叹数量多、程度高或范围大。

"多少"表感叹,主要是感叹量多,可对应韩国语疑问数词"몇"、"얼마"加后缀"-(이)나"组成的"몇이나"、"얼마나"或"많다"、"수많다"的冠形词形"많은"和"수많은"等形式。"怎么"表感叹主要用于"怎么+'这/那'类词+形容词"结构,以感叹形容词程度之深,可对应韩国语"왜"、"어떻게"、"어찌"。"什么"表感叹主要有两种情况:一种是"什么+N","什么"主要对应"무슨";另一种情况是"什么"独用,相当于"뭐(야)"或"뭐라고"。"哪"类词表感叹主要对应具有相同感叹功能的"어디"或感叹标记"구나"。

话语标记指的是疑问代词从句子中分离出来而成为一个独立

的、连接话语单位的依附成分，主要用于句首表达说话者的立场、情感与态度。疑问代词中有话语标记功能的主要为"怎么"和"什么"。 其中，"怎么"可独用于句首来引入话题或转化话题，还可以表示不满、吃惊、意外、关心、担心、挑衅等不同态度和情绪。"什么"则常以"这什么、那什么"的形式作为独立成分位于句首，主要有引入话题、转换话题、拉回话题以及修复话语、占据话轮等篇章功能；此外，"那什么"还具有表委婉的人际功能。

话语标记是一种话语层次上的标记，不具有任何概念意义，因此作为话语标记使用的疑问代词译为韩国语时，主要对应韩国语感叹词"왜"、"아니"、"어"、"응"、"저기"等。

6.2 汉语疑问代词在韩国语中的对应情况分析

6.2.1 基本可直接对应的疑问代词

经过上述总结我们发现，汉语中有个别疑问代词无论其原型语义、次边缘语义还是边缘语义，基本都可直接对应韩国语具有同一指代功能的疑问代词。

首先，是疑问代词"谁"。"谁"的原型语义是表示对人的询问，此外，还有虚指、任指、互指、呼应指、例指、借指等次边缘语义和反问、否定等边缘语义。除了呼应指和例指以外，基本都能对应韩国语表人疑问代名词"누구"。

其次，是疑问代词"几"。"几"的原型语义是用于询问数目、数量，并且其数目一般不超过十。此外，"几"还可表虚指、任指、呼应指、反问等，除虚指和呼应指以外，基本可对应韩国语疑问数

词 "几"。

另外, 还有疑问代词 "为什么"。"为什么" 的原型语义是用于询问原因、目的, 此外, 还可表虚指、任指、呼应指和反问。主要对应于韩国语疑问副词 "왜", 有时也可对应于与 "왜" 具有相同语义的 "어째서"、"무엇 때문에" 或 "왠지, 왜인지, 웬일인지, 왜 그런지, 무슨 일인지, 무슨 까닭인지, 어쩐 일인지, 무엇 때문인지" 等结构。

6.2.2 具有多种对应形式的疑问代词

除 "谁"、"几"、"为什么" 以外, 大多数疑问代词在韩国语中都有多种对应形式。

"什么" 是现代汉语中使用频率最高、使用范围最广、用法最为丰富的疑问代词几乎涵盖了疑问代词的所有语义。"什么" 单用或后面加上其他名词时可对应韩国语大多数疑问代词, 如疑问代名词 "무엇, 누구, 언제, 어디"、疑问冠形词 "무슨, 어떤"、疑问谓词 "어떻다"、疑问副词 "어떻게" 等; 还可对应由疑问代词组成的各种词组, 如体词性词组 "몇 시, 어느 곳, 어떤 사람"、谓词词组 "어찌 된"; 还有任指形式 "아무 것, 아무 일, 아무런"、 虚指形式 "무엇인가(뭔가, 무언가)"、否定形式 "얼마 없다" 及副词 "별로, 거의"、依存名词 "대로, 등, 등등, 따위"、助词 "-(이)랑, -(이)며, -하고, -들"、词尾 "-(으)랴" 等等。可见, "什么" 不仅可以对应韩国语绝大多数疑问词, 还可对应副词、依存名词、助词、词尾、词组、惯用型及其他一些语法形式。

"哪" 的原型语义是一种带有选择性的疑问, 可以问人、问事物、问时间、问处所, 其常用形式为 "哪+(数词)+量词+(名词)" 结

构。此外，"哪"还具有虚指、任指、互指、呼应指等次边缘语义和反问、否定、感叹等边缘语义，语义较为丰富。主要对应于韩国语疑问冠形词"어느, 어떤, 무슨"，单用相当于"어디, 무엇"，后加表人、事物量词时可对应"누구, 무엇"，加处所、时间名词可对应"어디, 언제"，表反问、否定时还可对应于"어떻게, 어찌"等。

"哪里、哪儿"的原型语义是对处所、地点、位置等的询问。此外，还具有虚指、任指、呼应指、借指等次边缘语义和反问、否定、感叹等边缘语义，语义同样较为丰富。主要可对应韩国语疑问词"어디, 어떻게, 어찌, 무슨"、表处所名词"곳"、与处所相关的词组"어느 곳, 아무 데, 아무 곳"以及"별로, 별말, 별말씀, 천만에, 웬걸, 어림없다"等。

"多少"的原型语义是用于询问数目、数量，且所询问的数目、数量没有限制。此外，"多少"还可表虚指、任指、呼应指、反问、感叹等。"多少"表疑问和任指时主要对应于韩国语疑问数词"얼마, 몇"及由疑问词组成的词组"어느 정도, 얼마 정도"、"어떻게 되다, 얼마나 되다"等。表虚指主要对应"온갖, 많은"、"약간, 다소, 별로, 그리"、"다소, 수량"等，表呼应指可对应于依存名词"만큼, 대로"，表感叹时相当于"몇+ …(이)나, 많은, 수많은, 얼마나 많은"等。即"多少"主要对应于韩国语疑问数词及由疑问词组成的词组，还可对应于与数量多、少、不多不少有关的形容词、副词、名词等。

"几"的原型语义也是用于询问数目、数量，但"几"询问的数目、数量一般不超过十。此外，"几"还可表虚指、任指、反问等。"几"表疑问、任指和反问时主要对应韩国语疑问数词"몇"、"얼마"；表虚指主要对应疑问数词"몇"和副词"약간"。

"怎么"也是现代汉语中使用范围较广，用法较为丰富的一个

疑问代词，其原型语义是对方式、原因、状况、性质等进行询问，此外，还具有虚指、任指、呼应指等次边缘语义和反问、感叹、话语标记等边缘语义。"怎么"可对应韩国语疑问词"어떻게，왜，무슨，어찌"、"웬，어째서"或"어찌 된，어떻게 된，어떻게 하다，무슨 일 있다，(이)든지 어찌/어떻게 된 것/일이다，무슨/웬 일이다"、"어쩐지，어찌 된 일인지，무엇 때문인지，웬일인지，어찌 된 것이다"等由疑问词所构成的词组。此外，还可对应副词"별로，그다지"、"아무리 … 해도，어떻게 … 해도"结构或表语气的"뭐"、"아니"、"어"、"뭐라고"、"어쨌다고"、"왜"等。可见，"怎么"既可对应韩国语疑问副词、疑问冠形词或由疑问词构成的词组，还可对应副词、表条件关系结构或"아니"、"어"、"왜"等语气词。

"怎样、怎么样"的原型语义是对方式、性质、状态、原因等进行询问，还具有虚指、任指、呼应指、反问等次边缘语义和边缘语义。"怎样、怎么样"表疑问时主要对应韩国语疑问词"어떻게，어떻다，어떤"或由疑问词组成的词组"어떻게 되다，어찌 하다，어떻게 하다"，词尾"-ㄹ/을까，-ㄹ/을래，-시겠-"以及"아무리 … 해도，무슨/어떤 일이있어도，어떻게/아무렇게 해도"等结构。此外，还可对应副词"별로"、形容词"되잖다，시시하다，평범하다，거칠다"、词组"볼품 없다，형편 없다，보잘것 없다"等。可见，"怎样、怎么样"主要对应韩国语表性状、方式的疑问词或由疑问词组成的词组，还可对应表征求意见的词尾、表条件关系结构及副词、形容词、否定词组等等。

由上述总结可见，汉语疑问代词对应于韩国语时，能基本对应的很少，大多数都是有多种对应形式。这也说明了汉语疑问代词具有语义丰富、用法多样的特点。

| 参考文献 |

中文文献

论著

陈昌来. 现代汉语句子. 上海：华东师范大学出版社, 2000

陈望道. 文法简论. 上海：上海教育出版社, 1978

丁声树等. 现代汉语语法讲话. 北京：商务印书馆, 1961

董秀芳. 词汇化：汉语双音词的衍生和发展. 成都：四川民族出版社, 2002

范晓 张豫峰. 语法理论纲要. 上海：上海译文出版社, 2003

范晓. 汉语的句子类型. 太原：书海出版社, 1998

范晓. 三个平面的语法观. 北京：北京语言学院出版社, 1996

冯胜利. 汉语的韵律、词法与句法. 北京：北京大学出版社, 1997

高名凯. 汉语语法论. 北京：商务印书馆, 1948(1986年版)

何兆熊. 语用学概要. 上海：上海外语教育出版社, 1987

何自然. 语用学概论(修订本). 长沙：湖南教育出版社, 2006

侯文玉. 汉韩语疑问词非疑问功能对比研究. 北京：光明日报出版社, 2014

胡德明. 现代汉语反问句研究. 合肥：安徽人民出版社, 2010

胡明杨. 词类问题考察. 北京：北京语言文化大学出版社, 1996

胡壮麟等. 系统功能语言学概论(第三版). 北京：北京大学出版社, 2017

黄伯荣 廖序东. 现代汉语(增订五版)下册. 北京：高等教育出版社, 2011

黄伯荣. 陈述句, 疑问句, 祈使句, 感叹句. 上海：上海教育出版社, 1984

黎锦熙 刘世儒. 汉语语法教材. 第二编. 词类和构词法. 北京：商务印书馆, 1959

黎锦熙. 新著国语文法. 北京：商务印书馆, 1924(1992年版)

黎锦熙. 中国语法与词类 2. 北京：北京师范大学出版社, 1950

李英哲. 汉语历时共时语法论集. 北京：北京语言文化大学出版社, 2001

林祥楣. 汉语知识讲话 代词. 上海：上海教育出版社, 1984

林祥楣. 汉语知识讲话. 上海：新知识出版社, 1958(1983)

凌远征. 新语文建设史话. 郑州：河南大学出版社, 1995

278

刘顺. 现代汉语语法的多维研究. 北京 : 社会科学文献出版社, 2005

刘月华. 实用现代汉语语法〈增订本〉. 北京 : 商务印书馆, 2004

柳英绿. 朝汉语语法对比. 延吉 : 延边大学出版社, 1999

龙果夫(俄)著 郑祖庆译. 现代汉语语法研究 第一卷 词类. 北京 : 科学出版社, 1958

吕叔湘. 汉语语法分析问题. 北京 : 商务印书馆, 1979

吕叔湘. 现代汉语八百词(增订本). 北京 : 商务印书馆, 1980

吕叔湘. 语文近著. 上海 : 上海教育出版社, 1987

吕叔湘. 中国文法要略(上卷). 北京 : 商务印书馆, 1942

吕叔湘. 中国文法要略(中下卷). 北京 : 商务印书馆, 1944

吕叔湘. 中国文法要略. 北京 : 商务印书馆, 1982

吕叔湘. 近代汉语指代词. 北京 : 商务印书馆, 992

吕文华. 对外汉语教学语法探索. 北京 : 语文出版社, 1994

马建忠. 马氏文通. 北京 : 商务印书馆, 1898(1983 年第一版)

马庆株. 现代汉语. 北京 : 中国社会科学出版社, 2010

齐沪扬. 现代汉语. 北京 : 商务印书馆, 2007

齐沪扬等. 语气词与语气系统. 安徽 : 安徽教育出版社, 2002

邵敬敏. 现代汉语疑问句研究(第一版). 上海 : 华东师范大学出版社, 1996

邵敬敏. 现代汉语通论. 上海 : 上海教育出版社, 2001

沈家煊. 不对称和标记论. 江西 : 江西教育出版社, 1999

石毓智, 李讷. 汉语语法化的历程. 北京 : 北京大学出版社, 2001

石毓智. 肯定和否定的对称与不对称. 北京 : 北京语言文化大学出版社, 2001

石毓智. 现代汉语语法系统的建立. 北京 : 北京语言大学出版社, 2003

石毓智. 语法的形式和理据. 江西 : 江西教育出版社, 2001

石毓智. 语法化的动因与机制. 北京 : 北京大学出版社, 2006

束定芳. 认知语义学. 上海 : 上海外语教育出版社, 2008

宋玉柱. 语法论稿. 北京 : 北京语言学院出版社, 1994

汤廷池(台湾). 国语语法研究论集. 台北 : 台湾学生书局, 1981

汤廷池(台湾). 汉语词法句法论集. 台北 : 台湾学生书局, 1988

王力. 汉语史稿(上). 北京 : 中华书局, 1957

王力. 汉语史稿(中). 北京 : 中华书局, 1958(1980 版)

王力. 中国现代语法(上下). 北京 : 商务印书馆, 1943-1944

王力. 中国现代语法. 北京 : 商务印书馆, 1985

王力. 中国语法理论(上下). 山东 : 山东教育出版社, 1954

王寅. 什么是认知语言学. 上海 : 上海外语教育出版社, 2011

吴福祥. 汉语主观性与主观化研究. 北京 : 商务印书馆, 2001

吴竞存 梁伯枢. 现代汉语句法结构与分析. 北京 : 语文出版社, 2000

伍雅清. 疑问词的句法和语义. 长沙 : 湖南教育出版社, 2002

邢福义. 汉语语法三百问. 北京 : 商务印书馆, 2002

邢福义. 汉语语法学. 长春 : 东北师范大学出版社, 1996

徐杰. 普遍语法原则与汉语语法现象. 北京 : 北京大学出版社, 2001

许余龙. 对比语言学. 上海 : 上海外语教育出版社, 2002

张斌. 现代汉语(第二版). 北京 : 中央广播电视大学出版社, 2003

张斌. 现代汉语语法十讲. 上海 : 复旦大学出版社, 2005

张伯江, 方梅. 汉语功能语法研究. 南昌 : 江西教育出版社, 1996

张静. 汉语语法问题. 北京 : 中国社会科学出版社, 1987

张黎. 文化的深层选择 — 汉语意合语法论. 吉林 : 吉林教育出版社, 1994

张志公. 汉语语法常识. 上海 : 上海教育出版社, 1958

章士钊. 中等国文典. 北京 : 商务印书馆, 1907

赵元任. 汉语口语语法. 北京 : 商务印书馆, 1979

朱德熙. 现代汉语语法研究. 北京 : 商务印书馆, 1980

朱德熙. 语法讲义. 北京 : 商务印书馆 , 1982

学位论文

曹丽红. 汉语 "什么" 与英语 "what" 的对比研究. 湖南师范大学硕士学位论文, 2010

陈红. 疑问代词 "哪里" 的分类及其非疑问用法. 渤海大学硕士学位论文, 2013

陈虹先. "没(有)什么+X" 格式研究. 上海师范大学硕士学位论文, 2010

陈敏. 留学生对疑问代词 "谁" 的非疑问用法的使用情况研究. 东北师范大学硕士学位论文, 2009

陈希. 中韩话语标记与语用功能对比研究. 中国海洋大学硕士学位论文, 2009

陈志禄. "X 是谁？" 和 "谁是 X？" 研究. 上海师范大学硕士学位论文, 2008

高宁. "V 什么 V" 格式研究. 吉林大学硕士学位论文, 2009

韩娜娜. 汉英疑问代词的对比研究. –以 "谁" 和 "who" 为主要样本的探索—.
　　　湖南师范大学硕士学位论文, 2009

韩淑华. 汉语的 "什么" 与英语 "what" 的对比. 延边大学硕士学位论文, 2001

郝帅. 疑问代词的虚指用法与对外汉语教学. 扬州大学硕士学位论文, 2017

黄喜宏. "什么" 的否定用法研究. 上海师范大学硕士学位论文, 2008

黄正德. 在没有 "WH" 一词移动的语言里移动 "WH". 美国麻省理工学院语
　　　言学博士论文, 1982

季旭. 特指问表否定问题研究—以 "什么"、"哪"、"谁"、"怎么" 为例. 渤海大
　　　学硕士学位论文, 2014

来德强. "哪儿" 的非疑问用法. 河南大学硕士学位论文, 2001

黎立夏. "哪" 系疑问代词的非疑问用法研究. 华中科技大学硕士学位论文,
　　　2011

李冬香. 疑问代词 "什么" 语法化的外部动因. 东北师范大学硕士学位论文,
　　　2008

李飞. 疑问代词 "哪里" 的否定用法研究. 吉林大学硕士学位论文, 2015

李俊香. 汉语的 "怎么" 在英语中的对应形式. 延边大学硕士学位论文, 2003

李敏. "谁" 的非疑问用法. 河南大学硕士学位论文, 2001

李品威. "怎么" 的非疑问用法及第二语言教学分析. 东北师范大学硕士学位
　　　论文, 2010

李尚. 现代汉语疑问代词任指用法三种句式的使用条件. 上海外国语大学硕
　　　士学位论文, 2014.

林若望. 单位词的分析和单位词对极端 WH 一词的允准力. 美国麻萨诸赛州
　　　大学语言学博士 论文, 1996

刘鲲. 疑问代词非疑问用法偏误考察及教学启示——以高级汉语水平外国
　　　学生为中心. 重庆大学硕士学位论文, 2012

刘睿研. "什么" 的否定用法及其使用条件. 吉林大学硕士学位论文, 2006

柳炅希. 现代汉语疑问词 "怎么" 的语义分析. 复旦大学硕士学位论文, 2012

鹿钦佞. 疑问代词 "什么" 非疑问用法的历史考察. 延边大学硕士学位论文,

2005

马兴茹. 构式"(S)V1 多少，(S)(就)V2 多少"分析. 华中师范大学硕士学位论文, 2016

玛琳娜 吉布拉泽. 现代汉语疑问代词的多视角研究. 南京师范大学博士学位论文, 2005

孟庆丰. 疑问代词非疑问用法在第二语言教学中的应用研究. 吉林大学硕士学位论文, 2015

倪兰. 现代汉语疑问代词研究. 复旦大学硕士学位论文, 2003

沈刚. "任何"与表任指义代词"什么"对比研究. 上海师范大学硕士学位论文, 2010

史晓懿. "谁 A 谁 B"构式研究.南京师范大学硕士学位论文, 2013

孙丽娟. 汉语"什么"非疑问用法的对外汉语教学研究. 新疆大学硕士学位论文, 2010

孙亚俊. 汉维语疑问代词"什么"与"nem"的对比研究. 新疆大学硕士学位论文, 2008

汤路. "怎么"在对韩汉语教学中的策略研究. 湖南师范大学硕士学位论文, 2008

唐燕玲. 现代汉语小句内疑问代词同现情况考察. 湖南师范大学博士学位论文, 2010

田永焕 "V1 什么，(就)V2 什么"构式研究. 南京师范大学硕士学位论文, 2014

童丽娜. 留学生疑问代词非疑问用法习得顺序研究. 山东大学硕士学位论文, 2008

王菊平. 现代汉语反问句研究. 南京师范大学硕士学位论文, 2007

王柳. 疑问代词"什么"的偏误分析和教学策略. 辽宁大学硕士学位论文, 2013

王小穹. 疑问代词语义范畴研究. 华中科技大学博士学位论文, 2012

王晓艳. "怎么样"类词语的共时、历时考察. 华中师范大学硕士学位论文, 2009

韦薇. 留学生疑问代词任指用法教学研究. 四川师范大学硕士学位论文, 2014

肖任飞. 非疑问用法的"什么"及其相关格式. 华中师范大学硕士学位论文, 2006

肖治野. "怎么"反问句的研究及其教学思考. 暨南大学硕士学位论文, 2003

徐欢. "怎么 X 怎么 Y" 构式研究. 南京师范大学硕士学位论文, 2013

杨恺. 汉语 "什么" 和英语 "what" 作为疑问代词时的对比研究. 南京林业大学硕士学位论文, 2010

杨岚. 现代汉语疑问代词的承指用法研究. 上海外国语大学硕士学位论文, 2019

杨伶俐. "怎么" 的非疑问用法研究. 华中科技大学硕士学位论文, 2011

殷树林. 现代汉语反问句研究. 福建师范大学博士学位论文, 2006

于迪. "什么" 的多角度分析. 延边大学硕士学位论文, 2010

于天昱. 现代汉语反问句研究. 中央民族大学博士学位论文, 2007

袁志刚. 疑问代词 "怎么" 非疑问用法研究. 暨南大学硕士学位论文, 2010

张爱华. 汉英疑问代词 "谁" 与 "who" 之比较研究. 吉林大学硕士学位论文, 2008

张佳慧. 现代汉语疑问代词任指用法研究. 渤海大学硕士学位论文, 2014

张晓涛. 现代汉语疑问范畴和否定范畴的相通性及构式整合. 吉林大学博士学位论文, 2009

张尹琼. 疑问代词的非疑问用法——以 "谁" 和 "什么" 为主要样本的探索. 复旦大学博士学位论文, 2005

张志敏. 疑问代词 "哪儿、哪里" 的非疑问用法研究. 东北师范大学硕士学位论文, 2012

郑雷. 疑问代词否定用法的考察. 浙江师范大学硕士学位论文, 2008

周文婷. 留学生对 "什么" 非疑问用法的习得研究. 北京语言大学硕士学位论文, 2007

周志慧. 对外汉语 "怎么" 类疑问代词任指用法教学研究. 扬州大学硕士学位论文, 2019

期刊论文

曹丹. 列举式 "X 什么的" 分析研究, 第六届东亚汉语教学研究生论坛暨第九届北京地区对外汉语教学研究生学术论坛论文集, 2016

陈昌来 占云芬. "多少" 的词汇化、虚化及其主观量. 汉语学报(27), 2009 (3)

陈恩礼. "多少" 的几种含义. 语言应用研究, 2006(4)

陈红丽. 疑问代词"哪里"的否定用法. 语言应用研究, 2007(4)

陈振宇 杜克华. 意外范畴：关于感叹、疑问、否定之间的语用迁移的研究. 当代修辞学,2015(5)

陈振宇 张莹. 再论感叹的定义与性质.《语法研究与探索》(十九), 北京：商务印书馆, 2018

崔爱霞. "谁都/也不是谁的谁"多角度探微. 语言文字修辞, 2008(8)

戴耀晶. 试论现代汉语的否定范畴. 语言教学与研究, 2000(3)

丁雪欢. 留学生疑问代词的习得研究.语言教学与研究, 2009

董成如. "什么"在反问句中的性质及相关问题. 语言研究, 2017(3)

董晓敏. 说"X什么的". 汉语学习, 1998(3)

董秀芳. 词汇化与话语标记的形成. 世界汉语教学, 2007(1)

董秀芳. 反问句环境对语义变化的影响. 东方语言学 2008(4)

段朝霞. 含有疑问代词的遍指句. 新乡师范高等专科学校学报, 1999(1)

郭继懋. 反问句的语义语用特点. 中国语文, 1997(2)

郭举昆. 特指疑问句的非疑问功能及使用心理. 外语研究, 2003(4)

何元建 胡孝斌. 反问句的话语制约因素. 世界汉语教学, 1999(1)

何震亚. 谈反问句中的礼貌规约性. 苏州教育学院学报, 2008(1)

贺凯林. "怎么"的功能和意义. 湖南师范大学学报, 1992(4)

胡德明. "谁让"问句研究. 世界汉语教学(23), 2009(2)

胡盛伦 王健慈. 疑问代词的任指用法及其句式. 汉语学习, 1989(6)

胡松柏. 现代汉语疑问代词叠用式. 厦门大学学报(哲社版), 1998(1)

胡孝斌. 反问句的话语制约因素. 世界汉语教学, 1999(1)

胡壮麟. 语法化研究的若干问题. 现代外语, 2003(1)

黄正德. 说"是"和"有".《历史语言研究所集刊59：李方桂先生纪念文集》. 台北：中央研究院历史语言研究所, 1989

江蓝生. 概念叠加与构式整合—肯定否定不对称的解释. 中国语文, 2008(6)

姜炜 石毓智. "什么"的否定作用. 语言科学, 2008(3)

金立鑫. 关于疑问句中的"呢". 语言教学与研究, 1996(4)

康天峰 牛保义. 疑问句语用因素分析. 河南大学学报(社科版), 2001(1)

李定成. 疑问句语序的生成机制分析. 四川外语学院学报, 2003,19(4)

李劲荣. 列举形式"什么X"与"X什么的"的语义倾向. 汉语学习, 2015(5)

李艳惠. WH—疑问词的结构和理解. 第一届台湾语言国际研讨会论文, 1992

李一平. "什么" 表否定和贬斥的用法. 河南大学学报(社科版), 1996(3)

李莹. 感叹句标记手段的跨语言比较. 汉语学报 2008(3)

李宇宏. "X 是谁" 和 "谁是 X". 汉语学习, 2003(5)

李宇明. 反问句的构成及其理解. 殷都学刊, 1990(3)

李宇明. 疑问标记的复用及标记功能的衰变. 中国语文, 1997(2)

林文金. 谈谈代词的语法特点. 中国语文, 1958(9)

林裕文. 谈疑问句. 中国语文, 1985(2)

铃木庆夏. 现代汉语疑问代词前后照应的语法构式—如何理解 "谁先回家谁
　　　就做饭" 这类句法格式？. 语言教学与研究, 2015(2)

刘彬 袁毓林. 反问句否定意义的形成与识解机制. 语文研究, 2017(4)

刘彬 袁毓林. 疑问代词 "谁" 的虚指和否定意义的形成机制. 语言科学, 2017(2)

刘彬 袁毓林. 疑问与感叹的相关性及其转化机制. 世界汉语教学, 2020(1)

刘辰洁. 疑问代词 "怎么" 的否定用法考察. 齐齐哈尔大学学报(哲社版), 2010(11)

刘坚 曹广顺 吴福祥. 论诱发汉语词汇语法化的若干因素.中国语文, 1995(3)

刘伶俐. "多少" 与对外汉语情景教学. 襄樊学院学报(31), 2010(7)

刘钦荣. 反问句和询问句句法结构间的关系. 沈阳师范学院学报(社会科学
　　　版), 1995(4)

刘荣琴. "谁不" = "谁都" = "谁也"？. 殷都学刊, 2008(1)

刘焱 黄丹丹. 反预期话语标记 "怎么".语言科学, 2015(2)

刘怡 郝雷. "谁" 和 "kim". 语言与翻译, 1995(2)

刘月华. "怎么" 与 "为什么". 语言教学与研究, 1985(4)

陆俭明. 关于现代汉语的疑问语气词. 中国语文, 1984(5)

罗敏. 浅析 "谁 1 … 谁 2 …" 句式. 语言文学研究, 2010

吕叔湘. 疑问,否定,肯定. 中国语文, 1985(4)

倪兰. 现代汉语疑问代词的基本语义分析. 北方论丛, 2005(4)

齐沪扬 胡建锋. 试论 "不是 … 吗" 反问句的疑问用法. 上海师范大学学报,
　　　2010(5)

齐沪扬. 语气副词的语用功能分析. 语言教学与研究, 2003(1)

邱莉芹等. 浅谈 "哪里" 的否定用法. 常熟高专学报, 2000(5)

邵敬敏 赵秀凤. "什么" 非疑问用法研究. 语言教学和研究, 1989(1)

邵敬敏. 语气词 "呢" 在疑问句中的作用. 中国语文, 1989 年 第 3 期

沈家煊. "语法化" 研究综观. 外语教学与研究, 1994(4)

沈家煊. 实词虚化的机制 —《演化而来的语法》评介. 当代语言学, 1998(3)

沈家煊. 语言的 "主观性" 和 "主观化". 外语教学与研究, 2001(4)

石毓智 徐杰. 汉语史上疑问形式的类型学转变及其机制. 中国语文, 2001(5)

石毓智. 现代汉语疑问标记的感叹用法. 汉语学报, 2006(4)

石毓智. 疑问和感叹之认知关系—汉英感叹句的共性与个性. 外语研究, 2004(6)

史金生. 语用疑问句. 世界汉语教学, 1995(2)

寿永明. 疑问代词的否定用法. 上海师范大学学报(社会科学版), 2002(2)

汤廷池. 国语疑问句研究续论. 台湾师范大学学报, 1984(29)

唐燕玲, 石毓智. 疑问和焦点之关系. 外国语, 2009(1)

唐燕玲. 疑问词的语法化机制和特征. 外语学刊(150), 2009(5)

陶伏平. "谁" 非疑问用法分析. 常德师范学院学报(社科版) (27), 2002(3)

全国斌. "谁不" 遍指句. 殷都学刊, 2002(4)

王灿龙. "谁是 NP" 与 "NP 是谁" 的句式语义. 语言教学与研究, 2010(2)

王海峰 王铁利. 自然口语中 "什么" 的话语分析. 汉语学习, 2003(2)

王凌. 汉语 "谁" 与英语 "who" 的疑问用法. 语言学研究, 2009

王敏. 浅析 "V1 多少, (就)V2 多少…" 句式. 语言应用研究, 2008(7)

王仁法. 试论现代汉语 "谁" 的匹配用法. 徐州师范大学学报, 2003(04)

王霞. "什么 A1+A2+An" 与 "A1+A2+An 什么的" ——与 "什么" 相关的列举式. 语文学刊, 2009(1)

王小穹. 疑问的否定性逆转及其无标记否定. 西南大学学报(社会科学版), 2019(6)

王秀丽. 论中文、法文中 "谁" 的三种功能: 疑问、泛指、整合. 云南师范大学学报(对外汉语教学与研究版)(8), 2010(3)

卫斓. 疑问代词任指用法的使用条件. 南京大学学报(哲社版), 1998(3)

卫燕红. 口语中的 "A 什么 A" 和 "什么 A 不 A 的" 句式. 语言应用研究, 2008

吴福祥. 关于语法化的单向性问题. 当代语言学, 2003(4)

吴福祥. 汉语语法化研究的当前课题. 语言科学, 2005(3)

吴福祥. 近年来语法化研究的进展. 外语教学与研究, 2004(1)

伍雅清. 多项 WH-问句中 WH-词的功能解释. 现代外语, 2002b

伍雅清. 否定与-wh 词语义解释. 现代外语, 1999(4)

伍雅清. 汉语特殊疑问词的非疑问用法研究. 语言教学与研究, 2002a

伍雅清. 特殊疑问句研究. 现代汉语, 1999(1)

肖任飞 张芳. "什么"非疑问用法的演变和发展. 中南大学学报(社科版), 2010(1)

邢福义. 现代汉语特指性是非问. 语言教学与研究, 1987(4)

徐杰 李英哲. 焦点和两个非线性语法范畴: "否定"、"疑问". 中国语文, 1993(2)

徐杰. 疑问范畴与疑问句式. 语言研究, 1999(2)

徐烈炯, 刘丹青. 与汉语问题有关的几个问题.语言教学与研究, 2000

徐默凡. 论疑问代词指代用法的重叠. 语言教学与研究, 2010(4)

徐盛桓. 疑问句的语用性嬗变. 外语教学与研究, 1998(4)

徐盛桓. 疑问句探询功能的迁移. 中国语文,1999(1)

徐晓燕. 英汉疑问词句法特征的对比研究. 成都大学学报(社科版), 2003(3)

徐阳春. 疑问句的语义、语用考察. 汉语学习, 2003(4)

严伟剑 疑问代词"怎么""怎样""怎么样"语用对比分析.浙江外国语学院学
   报, 2012,(02)

晏宗杰. 从"V+什么+V"看汉语表达的礼貌级别. 汉语学习,2004(5)

杨明天. 疑问句的非疑问意义. 解放军外国语学院学报, 1999(1)

杨娜. 疑问代词感叹功能的语言类型差异. 天津大学学报(社科版), 2014(6)

姚小平. 《汉文经纬》与《马氏文通》—《马氏文通》历史功绩重议. 当代语言学,
   1999(2)

尹洪波. 现代汉语疑问句焦点研究. 汉江大学学报(人文科学版), 2008(1)

于根元. 反问句的性质和作用. 中国语文, 1984(6)

于善志. 一般疑问句疑问功能的语用消解. 外语与外语教学, 2003(10)

于细良. 疑问代词的任指用法. 中国语文, 1965(1)

于细良. 疑问代词的重叠用法. 中国语文, 1964(4)

袁毓林 刘彬. 疑问代词"谁"的虚指和否定意义的形成机制. 语言科学, 2017(3)

袁毓林. 句子的焦点结构及其对语义解释的影响,《当代语言学》.2003(4)

袁毓林 刘彬. "什么"句否定意义的形成与识解机制. 世界汉语教学, 2016(3)

张伯江. 否定的强化. 汉语学习, 1996(1)

张伯江. 疑问句功能琐议. 中国语文, 1997(2)

张晓涛 邹学慧. 论特指问与否定的相通性. 学术交流, 2011(7)

张兴. 语言的交互主观化与交互主观性. 解放军外国语学院学报. 2009

赵静贞. "谁" 的用法浅析. 语言教学与研究, 1981(4)

赵世开. 英汉疑问代词的对比研究. 语言教学与研究, 1980(2)

赵卫东. 韩国语 "무엇" 的语义特征分析. 西南民族大学学报(人文社会科学版), 2010

郑贵友. 现代汉语语用价值之考究. 华中师范大学学报(哲社版),1997(3)

周继圣. 非独立句式 "谁让(叫) … " 研究. 中国海洋大学学报(社科版), 2002(3)

周小兵. 特指问句的否定式应答. 汉语学习, 1996(6)

宗守云. 试论 "不怎么" 的语义表现和语用功能. 广西师范大学学报(哲社版) 45(4), 2009

邹学慧. 疑问表否定用法与反问句关系研究.齐齐哈尔大学学报(哲学社会科学版), 2011(3)

韩文文献

곽효동. 한중 의문사와 의문문의 대비 연구. 충남대학교 석사학위논문, 2010

김광해. 어휘 연구의 실제와 응용. 집문당, 1995

김명희. 국어 의문사 '무슨' 의 담화표지 기능. 담화와 인지 13(2), 2006

김명희. 국어 의문사의 담화표지화. 담화와 인지 12(2), 2005

김명희. 의문사 '무슨' 의 담화표지 기능과 발달 과정. 담화와 인지, 2006

김석득. 우리말 형태론. 탑출판사, 1994

김송애. 중국어 '什么' 와 한국어 '무엇' 의 대비연구. 충남대학교 석사학위논문. 2008

김에스터. 한국어 학습자를 위한 담화표지 연구 – '뭐' , '왜' , '어디' 를 중심으로–. 경희대학교 석사학위논문, 2008

김영란. 한국어 교육을 위한 의문사 어휘 정보와 교수 방법 연구. 상명대학교 박사학위논문, 2003

김영화. 의문사 의문문의 통사와 의미. 한국문화사, 2008

김종현. '어떠하–', '어찌하–'의 공시태와 통시태, 국어학 36, 2000

김충효. 국어의 의문사와 부정사 연구. 박이정, 2000

김향화. 한국어 담화표지에 대한 연구. 계명대하교 박사학위논문, 2003

金鉉哲 梁英梅. 현대 중국어 의문대사 호응식 의문대사의 양화의미 연구, 中國語

文學論集, 2013(78)

나은임. 국어 의문사 발달에 관한 연구 : 기능분화를 중심으로. 전주대학교 석사학위
　　　논문,2000

남기심·고영근. 표준 국어 문법론(개정판). 탑출판사, 2002

님가심. 현태 국어 통사론. 서울 : 태학사, 2001

민유미. 모국어와 숙달도에 따른 담화표지 '뭐' 의 의미 기능 이해. 이화여자대학교
　　　석사학위논문, 2010

서정수. 국어 문법의 연구 I. 한국문화사, 1991

서정수. 국어 문법의 연구 II. 한국문화사, 1992

서정수. 현대국어 문법론. 한양대하교출판부, 1996

梁英梅. 現代中國語 疑問代詞 呼應式 構文 研究. 연세대학교 박사학위논
　　　문, 2012

오문경. 의문사를 포함하는 '이/그/저/어느' 체계 연구. 한국어문학연구, 2006

이은경. 의문문의 화용론적 분석 : 상황맥락 및 청자역할 중심으로. 경북대학교 석사
　　　학위논문, 1993

이은섭. 현대 국어 의문사 연구. 서울대학교 박사학위논문, 2003

이은섭. 현대 국어 의문사의 문법과 의미. 태학사, 2005

이은섭. 현대한국어 의문사의 문법과 의미, 한국어학회, 2005

이한규. 한국어 담화표지어 "어디" 의 화용분석. 우리말글(44), 2005

임홍빈 장소원. 국어문법론 I. 한국방송통신대학교 출판부, 1995

장경희. 통합문법론 : 담화와 화용. 서울대학교 출판부, 1994

侯文玉 金鉉哲. 원형 범주 이론 기반의 현대중국어 의문대사의 의미 연구. 中國語
　　　文學論集, 2020(125)

侯文玉 金鉉哲. 현대중국어 의문대사 호응축약 구문 연구. 中國語文學論
　　　集, 2019(119)

侯文玉 金鉉哲. 현대중국어 주관소량 구문 'X 不到哪裡去' 에 대한 연구. 中國語
　　　文學論集, 2017(107)

英文文献

Berlin, B. & Kay, P(1969), *Basic color terms their universality and evolution*, Berkeley
　　　University of California Press.

Givón,T(1986), *Prototypes: Between plato and Wittgenstein*, In Craig(ed.).

Goldberg, Adele E. (1995)Constructions: A Construction Grammar Approach to Argument Structure[M]. Chicago: The University of Chicago Press, 1995.

Goldberg, Adele E.(2006)Constructions at Work: The Nature of Generalization in Language. Oxford: Oxford University Press.

Halliday, M.A.K. (2000) An Introduction to Functional Grammar. Beijing : Foreign Language Teaching and Research Press.

Langacker, R. W. (1987). Foundations of cognitive grammar: Theoretical prerequisites (Volume I). Stanford: Stanford University Press.

Lakoff G &Johnson M(1980), *Metaphors We Live By*, Chicago: University of Chicago Press.

Lakoff, G(1987), *Women, Fire, and Dangerous Things: What Categories Reveal About the Mind*, Chicago: University of Chicago Press.

Lyons, J(1977), Semantics.2 vols, Cambridge: Cambridge University Press.

Ronald W. Langacker 著/牛保义等译《认知语法基础》(第一卷), 北京大学出版社, 2013.

Rosch, E. H. & Mervis, C. B(1975), *Family resemblances: studies in the internal structure of categories*,Cognitive Psychology.

Taylor, R. John(1989), *Linguistic Categorization: Prototypes in Linguistic Theory*, Oxford: Claredon Press.

Traugott, E. C. and R. Dasher(2002), *Regularity in Semantic Change*, Cambridge: Cambridge University Press.

Traugott,E.C(1995), *Subjectification in grammaticalization* . In D. Stein & S. Wright Subjectivity and Subjectivisation, Cambridge: Cambridge University Press.

Ultan, R. Some General Characteristics of InterrogativeSystems[C]//Universals of Human Language. Stanford : Stanford University Press, 1978(4).

Ungerer, F. &Schmid, H. J(2001), *An Introduction to Cognitive Linguistics*, Beijing : Foreign Language Teaching and Research Press.

Wittgenstein, L. Translated by Anscombe, G. E. M 1953 *philosophical Investigations*, New York: MacMillan.

| 저자소개 |

후문옥侯文玉

中國 延邊大學校 學士 卒業

延世大學校 碩士 卒業

中國 上海外國語大學校 博士 卒業

中國 同濟大學校 言語學 副教授

慶熙大學校 孔子學院 中國院長

원형범주이론 기반의
중국어 의문대사와
한국어 대응표현 연구

초판 인쇄 2023년 8월 1일
초판 발행 2023년 8월 10일

지 은 이 | 후문옥侯文玉
펴 낸 이 | 하운근
펴 낸 곳 | 學古房

주   소 | 경기도 고양시 덕양구 통일로 140 삼송테크노밸리 A동 B224
전   화 | (02)353-9908 편집부(02)356-9903
팩   스 | (02)6959-8234
홈페이지 | www.hakgobang.co.kr
전자우편 | hakgobang@naver.com, hakgobang@chol.com
등록번호 | 제311-1994-000001호

ISBN 979-11-6995-357-3 93720

값 : 20,000원